Dagmar Seifert
Das **Single-Koch**buch

DAGMAR SEIFERT

Das **Single** **Koch**buch

Mit Fotos von Verena Böning

Mary Hahn Verlag

Sven Single

Al Alone,
sein Freund

Senior Single,
sein Vater

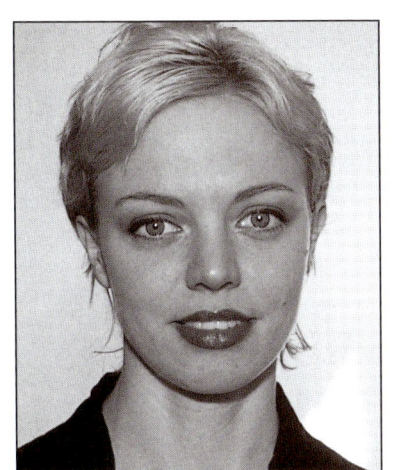

Senta Separatius

Eveline Einzel

Warda Wahid

Das hier ist Sven Single. Er ist gerade aus dem Büro nach Hause gekommen, telefoniert mit seinem Freund Al Alone und erklärt ihm, dass sein Kantinenessen ein Trauerspiel ist. Demnächst wird er entweder heiraten oder selbst kochen: »Frauen finden kochende Männer sowieso gut. Wer kochen kann, ist kreativ und hat Phantasie, da denken sie gleich, du bist auch 'n guter Lover.

Natürlich haben teure Restaurants was für sich – aber denk mal, wie nett, wenn du sagen kannst: ›Kommen Sie mit rauf in mein Penthaus, ich koch' was Schönes für uns.

Machen Sie sich's bequem, während ich die Zwiebeln putze, können Sie ja schon mal die Haare runterlassen…«

Kaum eine halbe Stunde später wandert Sven im Supermarkt umher (in dem er bisher nur Zigaretten, Chips und seine Programmzeitschrift kaufte) und guckt sich gewissermaßen mit neuen Augen um. Er greift mit sicherer Hand nach einem Glas grüner Bohnen und einer Mini-Dose Würstchen. Gekochte Kartoffeln gibt es auch im Glas. Dann fällt ihm ein, sein Vater würde anmerken, da fehlt etwas Frisches wegen der Vitamine. Also her mit einem Netz Zwiebeln. In der Gewürzecke bedient er sich reichlich für sein neues Hobby.

Eine kleine alte Dame neben Sven zwitschert: »Ach, junger Mann, Sie sind so schön groß … Reichen Sie mir bitte mal die Tiefkühlerbsen runter?«

Worauf er sie fragt, ob sie noch einen Geheimtipp hätte für leckeren Bohneneintopf. Er erfährt, hellbraune Mehlschwitze sei der Gipfel: »Sie müssten also gute Butter und Mehl … Ich erklär' Ihnen das mal …«

Und dann erzählt sie ihm auch noch ihre Lebensgeschichte. Die ist wirklich interessant. Sven trägt ihr die Tüten heim und begibt sich selbst nach Hause, um zum ersten Mal zu kochen.

Grüner

Grüner Bohneneintopf »Simplicity« für 1 Person
1 mittelgroße Zwiebel • 2 EL Pflanzenöl • 1 kleines Glas feine oder lieber extrafeine Bohnen (Prinzessbohnen) • 1 Dose mit 2 Wiener Würstchen • 1 Messerspitze getrocknetes gehacktes Bohnenkraut • 1 kleines Glas geschälte, gekochte Kartoffeln • 20g Butter • 1 TL Mehl • 1 TL gekörnte Brühe • etwas Sojasauce • ein Schwapp flüssige Sahne • 1 TL tiefgefrorene gehackte Petersilie

8

1. Die Zwiebel schälen und würfeln. Das Öl in einer tiefen Pfanne erhitzen und die Zwiebel glasig dünsten.

2. Die Flüssigkeit aus dem Bohnenglas und der Würstchendose dazukippen, das Bohnenkraut hineingeben, Deckel darauf setzen und etwa 5 Minuten bei mittlerer Hitze schmoren.

3. Inzwischen die Kartoffeln und die Würstchen in Scheiben schneiden. Die Bohnen in ca. 3 cm lange Stücke schneiden.

4. Die Bohnen, die Würstchen und die Kartoffeln in die Pfanne geben und einmal kurz aufkochen.

Bohneneintopf

5. Die Butter in einer kleinen Pfanne zergehen lassen und das Mehl darin unter Rühren mit einem Holzlöffel anbräunen. (Nicht zu dunkel werden lassen, das geht auf einmal sehr schnell!) Die Mehlschwitze in die brodelnde Suppe rühren und den Topf vom Herd nehmen.

6. Mit der gekörnten Brühe und der Sojasauce abschmecken. Dann die Sahne dazugießen und die Petersilie zum Schluss darüber streuen.

Einige Abende später will Sven sich gerade einen Tomatensalat machen, als ein alter Bekannter bei ihm klingelt: Butz. Er steht strahlend da, ein großes rundes Glas vor dem Bauch. Sven, Tomaten in den Händen und ein banges Ahnen im Gemüt, wird beklommen zu Mute. Irgendwas an dem Glas und dem Strahlen stimmt nicht.

»Na, Svenni?«, ruft Butz. »Tomaten auf den Augen, was? Hahaha! Erinnerst du dich, du hast mal gesagt, wenn ich verreisen müsste, dann nimmst du so lange gern meine Goldfische. Die sind so beruhigend, hast du gesagt.«

Sven gibt entsetzt zu, dass er so etwas wirklich mal gesagt hat.

Butz macht Sven mit der Tatsache vertraut, dass er noch an diesem Abend nach London fliegen wird. Und hier ist also Sharon! »Ursprünglich hatten wir ja zwei Goldfische, weißt du noch? Sharon ist jetzt auch Single. Den Kevin hat Mel mitgenommen nach unserer Trennung. Hier ist das Flockenfutter.«

Butz erwähnt noch, Zigarettenrauch sei Gift für den Fisch. Sven möge zum Qualmen in Zukunft bitte seinen Dachgarten aufsuchen. Dann meint er, sein Taxi warte, und eilt leichtfüßig von dannen.

Sven stellt benommen das Goldfischglas auf den Küchentisch und drückt seine Zigarette aus. Eigentlich passt es sogar ganz gut – er wollte sich sowieso das Rauchen abgewöhnen. Dann schnippelt er weiter an seinem Salat.

Sharon bemerkt interessiert die leere Salatschüssel nebenan. Noch ein Aquarium! Wer da wohl einziehen wird?

Raffinierter

Raffinierter Tomatensalat für 1 Person:
500 g reife, feste Tomaten •
2 EL Keimöl • 2 EL Kräuteressig •
1 TL mittelscharfer Senf • 1 Spritzer Süßstoff •
1/2 TL Salz • 1 Messerspitze Pfeffer •
1 Gewürzgürkchen • einige Stängelchen Rucola •
1 gehäufter EL kleine Kapern •
50 g grüne Oliven ohne Kern und ohne Füllung •
einige Stängelchen Rucola • 1 mittelgroße Zwiebel

Tomatensalat

1. Die Tomaten waschen, achteln, Stielansätze schräg herausschneiden und in eine Schüssel geben.

2. Aus Öl, Essig, Senf, Süßstoff, Salz und Pfeffer eine Marinade quirlen, über die Tomaten geben und vorsichtig unterheben.

3. Die Rucolastängel waschen und klein hacken. Das Gürkchen, die Kapern und die Oliven ebenfalls klein hacken und alles unter den Salat mischen.

4. Die Zwiebel schälen und in möglichst feine Scheiben schneiden. Die Ringe einzeln herausdrücken und über dem Salat verteilen.

Am Wochenende schläft Sven lange. Sharon wartet mit knurrendem Magen auf ihr Flockenfutter, bis er endlich wach ist. Sodann macht er sich selbst Flockenfutter…

Obstsalat mit Quark für 1 Person:
20 g Haferflocken •
20 g Sonnenblumenkerne •
1 TL Zucker • 100 g Magerquark •
100 g Sahnejoghurt • 1 EL Ahornsirup •
1 kleiner Apfel • 1 Goldkiwi •
80 g frische Erdbeeren (oder
Reineclauden aus dem Glas)

Obstsalat

1. Die Haferflocken und die Sonnenblumenkerne mit dem Zucker in einer beschichteten Pfanne ohne Fett goldgelb rösten und etwas karamellisieren. Abkühlen lassen.

2. Quark, Joghurt und Sirup gut miteinander verrühren.

3. Die Früchte waschen. Den Apfel und die Kiwi schälen und in kleine Stücke schneiden. Die Erdbeeren vom Stielansatz befreien und halbieren (oder die Reineclauden abtropfen lassen). Alles unter den Quark heben und den Obstsalat in ein großes rundes Glas füllen.

4. Die gerösteten Haferflocken und Sonnenblumenkerne darüber verteilen.

Nudeln mit

Endlich weiß die Menschheit, was sie Sven zum Geburtstag schenken kann. Er besitzt plötzlich vierzehn Kochbücher, eine antike Muskatnussreibe und drei Schürzen. Gerade ärgert er sich darüber, dass in fast allen Kochbüchern die Rezepte für vier Personen angegeben sind. Warum gerade vier??! Weil die Schwiegereltern erwartet werden? Weil das normale Ehepaar genau zwei Kinder hat?

»Du meinst also, ich soll die Zutaten einfach durch vier teilen, ja?«, sagt er gereizt zu Sharon (dabei hat sie gar nichts gesagt). »Dann erklär' mir mal, wie ich ein rohes Ei durch vier teile! Aha, da fällt dir auch nichts ein. Ich will dir mal was sagen, ich erfinde jetzt meine eigene Nudelsauce!«

Und weil er inzwischen großen Hunger verspürt, kocht er sich nicht erst Spaghetti, sondern zwei Hände voll feiner Suppennudeln – die sind in wenigen Minuten gar.

Für die Tomatensauce braucht er nur ein Spürchen länger …

Nudeln mit Tomatensauce für 1 Person:
1/2 TL Salz • 170 g Suppennudeln
Für die Sauce:
2 Zwiebeln •1 Knoblauchzehe • 3 EL Olivenöl • 1 kleine Dose Pizzatomaten • Oregano •
frischer Liebstöckel, grob gehackt • Salz • 3 EL Sahne • ca. 60 g Gouda, frisch gerieben

1. In einem Topf 1 l Wasser mit Salz zum Kochen bringen. Die Nudeln locker hineingeben, 6-8 Minuten (je nach gewünschter Bissfestigkeit) köcheln lassen, hin und wieder umrühren. In einem Sieb abgießen, sofort servieren.

Tomatensauce

2. Insofern ist es vielleicht intelligenter, zuerst die Sauce zu machen. Also: Zwiebeln schälen und würfeln. Die Knoblauchzehe schälen und zerdrücken. Das Olivenöl in einer Pfanne erhitzen und beides darin glasig dünsten.

3. Den Saft der Tomatendose angießen. Die Tomaten relativ klein schneiden und auch dazugeben. Mit Oregano, Liebstöckel und Salz würzen und mit der Sahne abschmecken.

4. Die Sauce über die Nudeln gießen und gut vermengen. Zum Schluss mit dem Käse bestreuen.

Sven versteht immer mehr vom Kochen – und damit auch etwas vom guten Essen. Da es ihn bedrückte, dass Sharon fortgesetzt nur Flockenfutter bekam, hat er sich in einer Tierhandlung informiert, was es sonst noch so für Goldfische gibt. Nun isst Sharon Pressfutter.

Für sich selbst fertigt Sven heute einen Putenburger mit Pilzen an. Und mit Sauerkraut – er hat gerade gelesen, Sauerkraut sei total trendy.

Putenburger mit Pilzen und Sauerkraut
für 1 Person:
1 rundes, weiches Burgerbrötchen •
etwas Butter •
180 g Putenhackfleisch • 1 Ei •
3 EL Paniermehl (Semmelbrösel) •
1 TL Senf • Salz • Pfeffer •
5 EL Pflanzenöl • 1 kleine Zwiebel •
6 rosé Champignons •
50 g Sauerkraut

Putenburger

1. Das Burgerbrötchen in der Mitte aufschneiden, beide Seiten dünn mit Butter bestreichen. Auf einem Teller warten lassen.

2. Das Hackfleisch mit Ei, Paniermehl, Senf, Salz und Pfeffer zu einem geschmeidigen Teig verkneten und daraus einen flachen Burger formen. Das Öl in einer Pfanne erhitzen und auf beiden Seiten etwa 4 Minuten braten. Auf die untere Brötchenhälfte legen und warm stellen.

3. Die Zwiebel schälen, der Länge nach halbieren und in Streifen schneiden. Die Champignons mit einem Küchenpapier oder einem Pilzpinsel von Schmutz befreien. Beides in der noch heißen Pfanne im Öl und Fleischsaft goldgelb bräunen. Zum Schluss das Sauerkraut dazugeben und heiß werden lassen.

4. Alles über dem Burger verteilen und mit der oberen Brötchenhälfte krönen.

Am Samstag besucht Sven seinen Vater, Senior Single. Natürlich ist er zum Essen eingeladen. Senior kocht indisch.

»Wie machst du den Reis und was für eine Sorte nimmst du?«, fragt Sven interessiert.

»Basmati. Ich gebe ungefähr zwei Esslöffel Öl in einen normalen Kochtopf, dazu den Reis sowie das Salz, und rühre kräftig um. Dann glätte ich die Oberfläche, schalte auf große Hitze und lausche. Wenn es leise zu britzeln beginnt, gieße ich sofort die erforderliche Wassermenge auf – das zischt heftig – deckele zu und lasse auf kleinster Hitze alles etwa 20 Minuten lang in Ruhe«, erklärt Senior. »Dann ist der Reis zart und genau richtig gar, er klebt nur wenig, ist aber auch nicht so einzeln verstreuselt, wie ihn Spießer kochen, von wegen ›klebt nie‹!«

Sven ist beeindruckt. »Hast du dir dabei schon mal das Ohr verbrannt?«

Indischer

Indischer Hühnertopf für 2 Personen:
1 zierliches Brathähnchen (auch wenn es Hühnertopf heißt) • 2 Knoblauchzehen •
1 TL Kümmel • 1 getrocknete Pfefferschote • Salz • (1 reife Banane) •
Saft von 1/2 Zitrone • (100 g Cashewnüsse, klein gehackt) • 3 EL Currypulver •
1 TL Zucker • 15 g frischer Ingwer • 1 Eigelb • 60 g Sahne • (etwas Worcestershiresauce)

1. Das Hähnchen waschen, trockentupfen und mit kaltem Wasser in einen Topf legen, sodass das Hähnchen gerade bedeckt ist. Die Knoblauchzehen schälen, vierteln und mit dem Kümmel, der Pfefferschote und etwas Salz ins Kochwasser geben. Das Hähnchen etwa 60 Minuten köcheln lassen.

2. Das Hähnchen herausangeln und ein wenig abkühlen lassen. Inzwischen die Brühe durch ein Sieb gießen und aufbewahren. Das Hähnchen häuten, entbeinen und in mundgerechte Stücke teilen.

3. Die Banane schälen und im Mixer pürieren. Mit einem Schneebesen so viel von der Brühe einarbeiten, dass die Masse eine weiche, dickliche Konsistenz bekommt. Zitronensaft, Nüsse, Curry und Zucker dazurühren. Den Ingwer schälen und hineinreiben. Zuerst das Eigelb und dann die Sahne mit einem Schneebesen unterheben. Mit der Worcestershiresauce abschmecken.

Hühnertopf

4. Das Hühnerfleisch in die Sauce geben, alles noch einmal vorsichtig (nicht zu stark!) erhitzen, dabei mit einem Holzlöffel umrühren.

5. Mit Reis servieren.

Während Senior das Huhn in mundgerechte Stücke schneidet, berichtet Sven von seinen eigenen Küchenerfahrungen. Er hat sich in letzter Zeit vieles selbst zusammengebastelt. Vor allem Pfannengerichte und Suppen. Senior ist neugierig: was für Suppen, was für Pfannengerichte?

Minestra

Minestra für 1 Person:
1 mittelgroße Zwiebel • **1 mittelgroße Karotte** • **1 sehr kleine Paprikaschote** •
eine ebenfalls sehr kleine Zucchini • **eine absolut winzige Aubergine** • **3 EL Olivenöl** •
1/2 l Brühe • **je 1 Messerspitze Oregano, Basilikum und Estragon** • **1 große Tomate** •
Salz • **weißer Pfeffer** • **1/2 TL Pesto** • **frische Petersilie, gehackt** •
1 Päckchen geriebener Parmesan

1. Die Zwiebel schälen und halbieren. Die Karotte schälen, die Paprikaschote, die Zucchini und die Aubergine waschen. Die Paprikaschote aufschneiden, den Stiel entfernen und entkernen. Alles in Streifen schneiden. Das Olivenöl in einem Topf erhitzen und die Zwiebel darin glasig dünsten.

2. Die Brühe angießen. Karotte, Paprikaschote, Zucchini und Aubergine dazugeben, etwa 15 Minuten köcheln. Mit Oregano, Basilikum und Estragon würzen.

3. Die Tomate kurz oben auf der Suppe schwimmen lassen, einmal umdrehen und herausangeln. Kalt abschrecken, häuten, den Stielansatz herausschneiden und die Tomate klein würfeln. In den letzten 5 Minuten in die Suppe geben und mit einem Holzlöffel verteilen.

4. Mit Salz, Pfeffer und Pesto würzen und mit der Petersilie bestreuen. Auf dem Teller nach Belieben Parmesan darüber geben.

Karottensuppe für 1 Person:
2 Schalotten • 1 TL Butter • 1/2 l Hühnerbrühe • 4-5 große Karotten • Salz •
5 g frischer Ingwer • 1 TL Tomatenmark •
etwas frisches oder getrocknetes
Basilikum • 2 EL Crème fraîche •
ein paar Stängel frischer Dill

1. Die Schalotten schälen und würfeln.
Die Butter in einem Topf zergehen lassen
und die Schalotten darin glasig dünsten.
Dann die Hühnerbrühe angießen.

2. Die Karotten schälen, würfeln und salzen. Den Ingwer schälen und durch eine
Knoblauchpresse drücken. Die Karotten
und den Ingwer zur Suppe geben und alles etwa 20 Minuten kochen.

3. Die Suppe durch ein Sieb gießen und
die Flüssigkeit aufheben. Die Karotten
mit dem Mixer fein pürieren, die Flüssigkeit wieder dazugeben und das Tomatenmark, Basilikum und die Crème fraîche
unterrühren.

4. Den Dill waschen, trockenschütteln
und obenauf schwimmen lassen.

Karottensuppe

Krabben-Pilz-Pfanne für 1 Person:
1 große Zwiebel • 150 g Pilze der Saison
(alternativ Champignons oder Austern-
pilze) • 4 EL Keimöl • 1/2 TL Salz •
je 1 Messerspitze weißer Pfeffer,
Thymian, geriebene Muskatnuss •
1 TL Mehl • 150 g Nordseekrabben •
150 g gekochte Bandnudeln (sehr prak-
tisch sind übrig gebliebene aus dem Kühl-
schrank!) • 2 EL Rosenpaprika

Gemüse

1. Die Zwiebel schälen, halbieren und in Streifen schneiden. Die Pilze mit einem Küchenpapier oder einem Pilzpinsel putzen. Das Öl in einer großen Pfanne erhitzen und die Zwiebel und die Pilze darin andünsten. Nach 3 bis 4 Minuten Salz, Pfeffer, Thymian und Muskatnuss dazugeben und nach weiteren 2 Minuten das Mehl darüber streuen und mit einem Holzlöffel umrühren. 1/8 l Wasser angießen und unter Rühren aufkochen lassen.

2. Die Krabben abbrausen und trockentupfen. Krabben, Nudeln sowie das Paprikapulver dazugeben und vorsichtig verrühren. Noch einmal kurz heiß werden lassen, aber nicht mehr kochen.

Lauch-Kartoffel-Pfanne für 1 Person:
1 Stange Lauch • 150 g Restkartoffeln, gekochte • 50 g Butter •
150 g gewürfelter Schinken • 2 kleine Eier • 50 ml Milch •
ca. 100 g türkischer Schnittkäse aus Kuhmilch, gerieben •
Salz • Pfeffer

& Co.
aus der Pfanne

1. Den Lauch längs aufschneiden und waschen, welke Spitzen und Wurzelreste entfernen. In ca. 4 cm breite Stücke schneiden und in wenig Wasser etwa 10 Minuten dünsten. Dann abgießen und in einem Sieb abtropfen lassen.

2. Die übrig gebliebenen Kartoffeln in dicke Scheiben schneiden. Die Butter in einer Pfanne zergehen lassen und die Kartoffeln zusammen mit dem Schinken bei mittlerer Hitze goldbraun braten. Den Lauch obenauf schütten.

3. Die Eier, die Milch und den geriebenen Käse gut miteinander verquirlen und mit Salz und Pfeffer würzen. Über den Lauch und die Kartoffeln gießen und einen Deckel auf die Pfanne setzen. Nach etwa 5 Minuten, wenn die Eiermasse fest ist, servieren.

»Nun zeig mal, was du angerichtet hast!«, sagt Sven. Vater und Sohn verspeisen mit Vergnügen das indische Huhn – wenn's auch eigentlich ein Hähnchen ist.

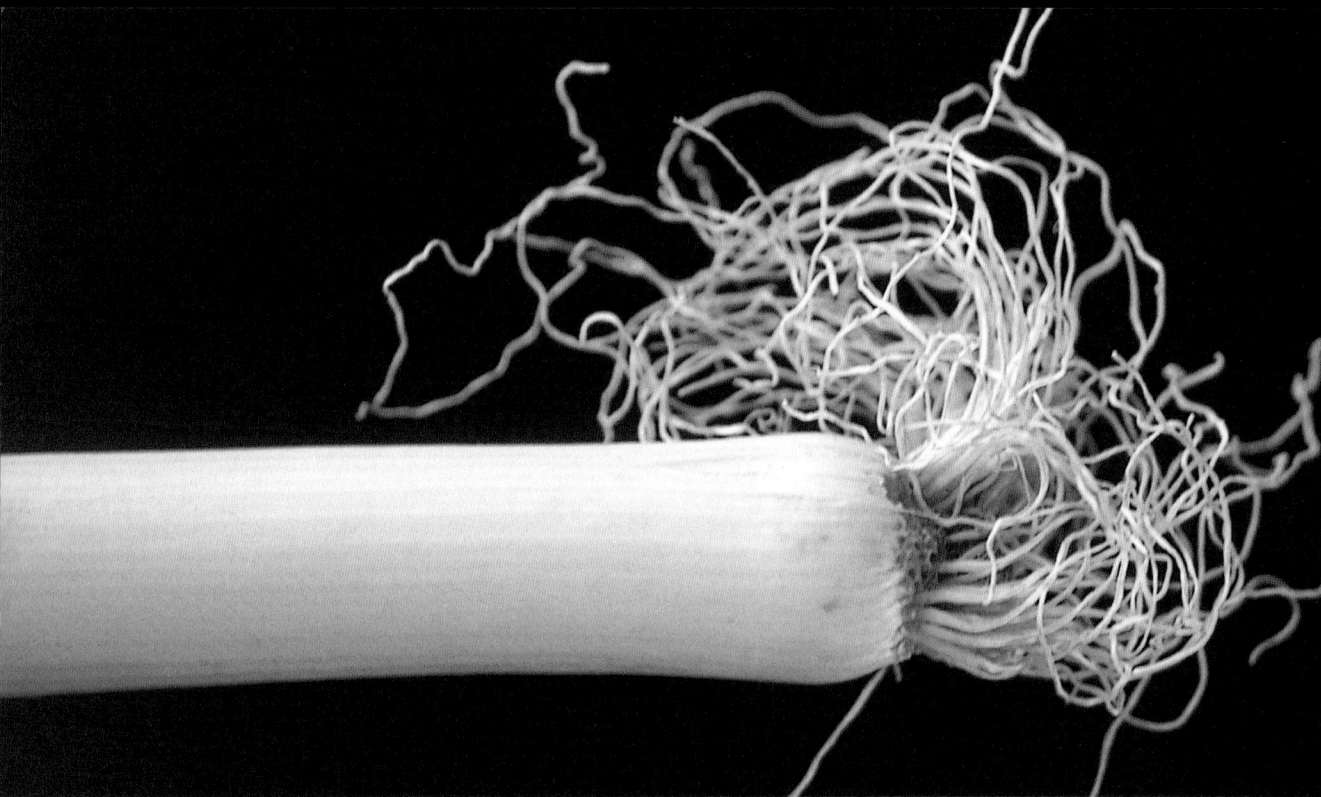

»Was von deiner fröhlichen Mutter gehört?«, will Senior wissen. Sven seufzt. Er hatte geahnt, dass diese Frage kommt. Senior sagt »fröhlich« und nicht »selig«, weil Mutter Single noch lebt und sich bester Gesundheit erfreut. Sie heißt bloß nicht mehr Single, seit sie sich wieder verheiratet hat.

»Geht ihr prima«, berichtet Sven mit vollem Mund.

Senior nickt traurig. Er kann es schwer verwinden, dass sie nun für einen anderen kocht. Indessen findet er seine gute Laune bald wieder, weil es Sven so gut schmeckt.

Und er serviert das Dessert:

Halwa Gadschar für 2 Personen:
200 g Karotten • 1/2 l Milch •
20 g Butter • 1 Tütchen Safranfäden •
1/2 TL Kardamom • 1/2 TL Zimt •
1 EL flüssiger Honig • 1 EL Vollrohrzucker •
1 EL Rosinen • 1 TL Sesamsamen

Halwa Gadschar

1. Die Karotten schälen und roh pürieren. In einem Topf mit der Milch unter ständigem Rühren etwa 60 Minuten kochen.

2. Butter, Gewürze, Honig, Zucker und Rosinen dazugeben, weitere 15 Minuten kochen und dabei umrühren.

3. Die Sesamsamen in einer beschichteten Pfanne leicht anrösten. Halwa heiß und mit den Sesamsamen bestreut servieren.

Senior hatte das Gericht am Vortag gekocht und nun noch einmal schnell in der Mikrowelle erhitzt.

Überwältigt von väterlicher Liebe schenkt Senior dem Jungen, als dieser gehen will, sechs superfrische Eier von restlos glücklichen Hühnern, ein Kilo Zwiebeln sowie sein Spezialrezept für Zwiebelsuppe.

Abends schneidet Sven in seiner Küche die Zwiebeln und gerät dabei ins Weinen. Das bringt ihn automatisch auf melancholische Gedanken. Warum ist er so allein? Er legt die CD »Valse Triste« von Jean Sibelius auf und wird noch trauriger. Sven denkt an Senta, die Superfrau aus seinem Büro. Natürlich bemerkt sie ihn nie ... Ach ja ...

Zwiebelsuppe

Aber die Suppe schmeckt gut.

Zwiebelsuppe à la Senior Single für 1 Person:
1 Scheibe Weißbrot • 50 g Butter • 4-5 Zwiebeln • 1 EL Mehl • 1/2 TL Zucker •
1/4 l Fleischbrühe • Salz • weißer Pfeffer • 50 ml Weißwein • 50 ml Sahne •
1 Eigelb • 1 EL Gruyère, gerieben

1. Das Weißbrot in Würfel schneiden. 20 g Butter in einer Pfanne zergehen lassen und die Brotwürfel darin hellbraun rösten. Beiseite stellen.

2. Die Zwiebeln schälen und in dünne Scheiben schneiden. Die restliche Butter in einem Topf zergehen lassen und die Zwiebeln darin glasig dünsten. Mit dem Mehl und dem Zucker bestreuen und durchschwitzen lassen. Die Fleischbrühe angießen, mit Salz und Pfeffer würzen und alles zugedeckt etwa 20 Minuten köcheln lassen.

3. Den Weißwein, die Sahne und das Eigelb verquirlen. Den Topf vom Herd nehmen und die Mischung hineinrühren.

4. Die Suppe mit den Brotwürfeln und dem geriebenen Käse bestreut servieren.

Am Sonntagmorgen ist die Traurigkeit weggeschlafen. Sven erinnert sich der frischen Ei-er und gestaltet aus deren drei und weiteren Zutaten – soweit er sie im Hause hat – ein:

32

Englisches Frühstück für 1 Gentleman:
3 Scheiben Toast • Butter • Orangenmar-
melade • 6 Scheiben Frühstücksspeck •
4-5 Champignons • 1 Tomate • 3 Eier

1. Das Brot toasten und buttern. Zwei Scheiben auf einen Teller legen und die dritte mit Orangenmarmelade bestreichen – diese auf einen Extrateller legen.

2. Frühstücksspeck in einer beschichteten Pfanne glatt nebeneinander ausbreiten und knusprig braten. Auf die beiden Toastbrote mit Butter legen.

3. Die Champignons mit einem Küchenpapier putzen. Die Tomate waschen, mit einer Gabel mehrmals anpiken und einmal durchschneiden. Gemüse an den Rand der Pfanne legen, die drei Eier vorsichtig in der Mitte im Speckfett aufschlagen. Alles zusammen braten, dabei die Tomate und die Pilze – oder auch, je nach Geschmack, die Eier – ein- bis zweimal wenden.

4. Wenn die Eier den Erwartungen entsprechen, auf den Speck gleiten lassen, die Tomate und die Pilze danebenlegen.

Breakfast

Dann sieht er im Computer nach, ob eine E-Mail angekommen ist. In der Tat: Der gute Butz aus London teilt mit, er habe einen Bombenjob ergattert und werde dort bleiben. Sharon gehöre nun Sven. Er könne sie ja in eine Zoohandlung bringen, wenn er sie nicht behalten wolle.

Sven ist entrüstet über diese Idee. Er braucht Sharon, um sich weiter das Rauchen abzugewöhnen …

Auch Sybille, seine Ex, hat gemailt. Sie kämpft mit Hüftspeck und bittet ihn, den inzwischen anerkannten Küchenexperten, um einige fette Salatrezepte.

Fette?!! Wohl eher im Gegenteil: schlanke.

Sven fühlt sich geschmeichelt. Natürlich schreibt er ihr die auf.

Chicoréesalat für 1 Person:
2-3 Stauden Chicorée •
ca. 50 g Rapunzel- oder Feldsalat •
1 Karotte • Saft von 1/2 Zitrone •
50 g Joghurt • 1 Messerspitze Salz •
flüssiger Süßstoff •
1 Messerspitze getrockneter Meerrettich •
einige Stängel Dill •
einige Stängel Schnittlauch •
3 EL geriebener Parmesan

Chicoréesalat

1. Die Chicoréeblätter abpflücken, waschen und trockentupfen. Den Strunk längs durchschneiden und ein wenig kürzen. Es stimmt nicht, dass er »bitter« schmeckt; eventuelle braune Stellen sollten Sie aber herausschneiden.

2. Chicoréeblätter in eine flache Schüssel legen. Den Rapunzelsalat waschen, trockenschütteln, in Sträußchen teilen und auf den Chicorée legen.

3. Die Karotte schälen und mit einem Sparschäler oder einem scharfen Messer in dünnen Scheiben über den Salat hobeln.

4. Eine kleine Menge – ungefähr 2 EL – des Zitronensaftes mit Joghurt, Salz, 2 bis 3 Spritzern Süßstoff und Meerrettich kräftig verrühren und über den Salat gießen.

5. Den Dill und den Schnittlauch waschen, trockenschütteln und klein schneiden. Über den Salat streuen. Zum Schluss den Parmesan darüber geben.

Bohnen-Speck-Salat für 1 Person:
1 Zwiebel • 1/2 TL Salz • 1 kleine Dose Prinzessbohnen • 1 kleine Dose Kidney-Bohnen •
1 kleine Dose weiße Bohnen • 50 g magerer, gewürfelter Speck • 100 g Rucola •
3 Stangen Sellerie • 2 EL Keimöl • 3 EL Balsamicoessig • 1/2 TL Rosenpaprika •
1 TL scharfer Senf

Bohnensalat

1. Die Zwiebel schälen, in Scheiben schneiden und als Ringe in eine Schüssel drücken. Das Salz darüber streuen und alles leicht durchmischen, ruhen lassen.

2. Die Prinzessbohnen abgießen, Kidney- und weiße Bohnen ebenfalls abgießen und mit kaltem Wasser abspülen. Alle Bohnen in eine Schüssel füllen und den Speck darunter mischen.

3. Den Rucola und die Selleriestangen waschen und trockenschütteln beziehungsweise -tupfen. Beides in Streifen schneiden und zu den Bohnen und dem Speck geben. Die Zwiebelringe ebenfalls.

4. Öl, Essig, Paprika und Senf miteinander verrühren und über den Salat gießen.

Avocadosalat für 1 Person:
1 Kopf Radicchio • 1 kleine Zucchini • 1 reife Avocado • 1 rote Zwiebel •
2 dunkelrote, feste Tomaten • 50 g Schafskäse • 2 EL Kräuteressig •
2 EL Olivenöl • 1 Messerspitze Salz • Pfeffer

1. Die Radicchioblätter ablösen, waschen, trockenschütteln und in eine flache Schüssel legen.

Avocadosalat

2. Die Zucchini waschen, in feine Scheiben schneiden und über den Radicchio verteilen.

3. Die Avocado halbieren, den Kern entfernen, das Fruchtfleisch herauslösen und in Stücke schneiden. Auf die Zucchinischeiben legen.

4. Die Zwiebel schälen und würfeln. Die Tomaten waschen, halbieren, von Stielansätzen befreien und alle Kerne herauslöffeln. Das übrig gebliebene Äußere der Tomaten ebenfalls sehr klein würfeln.

5. Den Schafskäse zerbröckeln. Mit Zwiebel- und Tomatenwürfeln, Essig und Öl, Salz und Pfeffer zu einer Marinade verrühren und über den Salat geben.

Frühlingssalat mit Croutons für 1 Person:
**1 Knoblauchzehe • 1 Scheibe Toast • 1/2 TL Instant-Gemüsebrühe • 1 EL Olivenöl •
Frühlingszwiebel • 1 kleiner, sehr zarter Kohlrabi • 1 Kopf Friséesalat • einige Löwenzahn-
blätter • 1/2 Salatgurke • 1 Bund Radieschen • 50 g Zuckerschoten • 6 Cocktailtomaten
• 50 g Linsenkeimlinge • 1/2 TL Salz • 1/2 TL Zucker • Saft von 1/2 Zitrone •
2 EL Walnussöl • 1 EL Apfelessig • einige Stängel Petersilie, Dill und Schnittlauch**

Frühlingssalat

1. Die Knoblauchzehe abziehen, aufschneiden und mit der Schnittstelle die Salatschüssel ausreiben. Dann die Zehe in einer Knoblauchpresse zerdrücken.

2. Die Brotscheibe in Würfelchen schneiden. Den zerdrückten Knoblauch mit dem
Brühe-Pulver vermischen und die Brotwürfel darin wälzen. Das Olivenöl in einer Pfanne
erhitzen und die Brotwürfel darin unter Rühren hellbraun rösten. Dann beiseite stellen.

3. Die Frühlingszwiebel waschen, trockentupfen und in Scheibchen schneiden. Den Kohlrabi schälen und in sehr feine Streifen schneiden. Den Friséesalat und die Löwenzahn-
blätter waschen, trockenschütteln und in mittelgroße Stücke zupfen. Die Salatgurke
schälen und fein hobeln. Die Radieschen waschen, von Blättern und Wurzeln befreien
und in feine Scheiben schneiden.

4. 1/2 l Wasser zum Kochen bringen. Die Zuckerschoten waschen, die Stiele abknipsen und eventuelle Fäden abziehen. Etwa 5 Minuten in sprudelndem Wasser kochen,
dann sofort mit eiskaltem Wasser abschrecken und abtropfen lassen.

5. Alle Zutaten in einer Schüssel behutsam mischen. Die Tomaten und die Linsenkeimlinge waschen, die Tomaten halbieren. Beides darüber verteilen.

6. Salz und Zucker mit ca. 2 EL sehr heißem Wasser verrühren, bis alles aufgelöst ist. Mit
dem Zitronensaft, dem Walnussöl und dem Essig mischen und über den Salat geben.

7. Die Kräuter waschen, trockenschütteln, klein hacken und obenauf streuen. Darüber die Croutons!

Heute Abend kommt Freund Al Alone zum Essen! Sven schildert seine sich ständig steigernde Befähigung zum Koch.

»Was hältst du für die beste Methode, mit einer Frau ins Gespräch zu kommen, Al?«

»Mit einem hübschen kleinen Hund an der Leine spazieren zu gehen.«

»Ach so … Kann sein. Aber die zweitbeste Methode ist garantiert, über Kochrezepte zu reden. Das interessiert sie sogar, wenn sie selbst nicht kochen können!«, versichert Sven.

»Ich werde auch kochen lernen«, erklärt Al, nachdem er eine Weile darüber nachgedacht hat. »Was zauberst du uns heute?«

»Mai-Scholle mit Speck. Nach einem Rezept meiner Tante Jutta aus Hamburg. Dazu gibt es kleine Petersilienkartoffeln.«

Mai-

Scholle

Mai-Scholle Hamburger Art für 2 Personen:
2 frische Schollen, ausgenommen • 4 EL Butter • 100 g durchwachsener,
gewürfelter Speck • Salz • Saft von 1/2 Zitrone • 4 EL Mehl

1. Die Schollen innen und außen waschen und mit Küchenpapier trockentupfen.

2. Die Butter in einer großen Pfanne zergehen lassen und den Speck darin erhitzen. Wenn er anfängt zu bräunen, herausfischen und beiseite stellen.

3. Inzwischen die Schollen salzen, mit Zitronensaft beträufeln, mit 1 EL Mehl pro Seite bestreuen und das Mehl sanft einklopfen. In dem noch heißen Speck-Butter-Fett die Fische von beiden Seiten goldbraun braten. Mit der weißen (ungetupften) Seite nach oben servieren und den Speck darüber verteilen.

Ein paar Tage später kauft Sven im Asia-Geschäft für eine Sushi-Orgie ein. Danach besorgt er auf dem Wochenend-Markt noch frischen Fisch. Ein entzückendes, orientalisch anmutendes Wesen lässt sich von ihm beraten: »Du verstehst viel von Kochen, nicht? Was Kräuter sollen muss ich zu deutsches Hammel nehmen?«

Warda kommt aus Ägypten, studiert hier und ist kürzlich in Svens Gegend gezogen.

»Hast du nicht Lust, heut' Abend zu meiner Party zu kommen?«, fragt Sven. »Ein paar gute Freunde, alles nette Leute – wir wollen Sushi machen. Du magst doch Sushi? Japanisches Essen?«

»Sicherlich. Nur ich bin verabredet heute. Leider!«, sagt Warda mit einem sehr süßen Lächeln. Immerhin nimmt sie Svens Karte und gibt ihm ihre. Sie müssen unbedingt mal telefonieren …

Am Anfang seiner Sushi-Orgie serviert Sven für alle ein feuchtes, heißes Gästehandtuch zum Hände- und Gesichtabwischen. Dann gibt es Misosuppe, und danach darf sich jeder seine Nigiri oder Maki selbst machen, auf dem Tisch steht alles bereit: der gesäuerte Reis, die Fischfilet- und Gemüsehäppchen, der Seetang und so weiter. Sogar Schüsselchen mit Wasser und ein paar Tropfen Essig, um sich zwischendurch die Finger zu entkleben.

»Es ist schön, wenn man mit dem Essen spielen darf«, findet ein Gast, und alle stimmen ihm zu.

Nach dem Essen kocht Sven literweise grünen Tee. Al möchte natürlich, wie erwartet, lieber noch Reiswein …

Misosuppe

Misosuppe mit Lauch und Pilzen für ca. 10 Personen:
3,5 l Dashi (japanische Brühe, aus Instant-Pulver) •
30 g Miso (Sojabohnenpaste) • 60 ml Sojasauce • 20 schöne Shiitake-Pilze •
1 Stange Lauch • 2 Blätter Yakinori (Seetang) • 350 g Tofu

1. Das Dashi in einem Topf erhitzen. 2 EL in ein Schälchen schöpfen, mit einem kleinen Schneebesen Miso, Dashi und Sojasauce verrühren und zurück in den Topf geben.

2. Die Shiitake-Pilze mit einem Küchenpapier putzen und mit einem scharfen Messer die Stiele entfernen. Die Hüte in die Suppe geben, aufkochen und etwa 5 Minuten köcheln lassen.

3. Den Lauch längs einschneiden und waschen. Drei ca. 6 cm lange Stücke schräg abschneiden, der Länge nach vierteln und auseinander zupfen. Die einzelnen rautenförmigen Blätter in die Suppe geben.

4. Den Yakinori mit einer Schere in ungefähr 5 x 7 cm große Stücke schneiden. Den Tofu kurz in kaltes Wasser tauchen, abtropfen lassen und mit einem Messer in kleine Würfel schneiden. Beides ebenfalls in die Suppe gleiten lassen.

5. Die Suppe noch einmal aufkochen und servieren. Darauf achten, dass jeder zwei Pilze und ungefähr gleich viele Lauch-, Seetang- und Tofustücke bekommt.

Misosuppe isst man traditionell ohne Löffel; die Brühe wird geschlürft, die festen Zutaten werden mit Stäbchen – die Schale dicht unter's Kinn halten – herausgefischt.

Sushi-Reis und Nigiri mit verschiedenen Auflagen für ca. 10 Personen:
Zutaten für Sushi-Reis:
1 kg Kome-Rundkornreis •
1/8 l Reisessig • 2 EL Salz •
3 EL Zucker

Sushi-Reis

1. Den Reis so lange waschen, bis das Wasser klar bleibt und dann mit einer Tasse in einen großen Topf füllen. Ebenso viele Tassen Wasser dazugießen und zugedeckt zum Kochen bringen. Dann bei mittlerer Hitze garen, ohne umzurühren. Ist das Wasser vollständig vom Reis aufgesogen, bei sehr kleiner Hitze noch etwa 15 Minuten auf dem Herd lassen. Dann beiseite stellen und ziehen lassen.

2. Inzwischen den Reisessig mit dem Salz und dem Zucker gut verrühren, bis sich Zucker und Salz aufgelöst haben. Den Reis in einer Schüssel mit der Reisessigmischung vermengen und auf Zimmertemperatur abkühlen lassen. (Nicht im Kühlschrank! Dann wird der Sushi-Reis pappig.) Dabei hin und wieder umrühren.

3. Jetzt kann der Reis verarbeitet werden. Sie sollten für jeden, der daran herumwerkelt, eine Fingerschale mit Essigwasser bereitstellen. Immer wieder die Hände anfeuchten, damit der Reis nicht dran festklebt. Andererseits: Durch zu viel Flüssigkeit an den Fingern wird der Reis krümelig, einzelne Körner machen sich dann gern selbstständig und alles beginnt, unappetitlich auszusehen.

Nigiri

Zutaten für Nigiri:
Salz • 180 g Garnelen • 150 g Lachsfilet • 150 g Thunfischfilet • 100 g Makrelenfilet •
100 g Zanderfilet • 100 g Steinbuttfilet • einige Zuckerschoten, frisch oder tiefgefroren •
1 Tube Wasabi (japanischer grüner Meerrettich) • 1 Blatt Nori (getrockneter Seetang)

1. 1 l Wasser mit etwas Salz zum Kochen bringen. Die Garnelen waschen und trockentupfen. Ein hölzernes Schaschlikstäbchen zwischen Panzer und Fleisch der Länge nach hindurchstechen, sonst krümmt sich die Garnele beim Garen. Im kochenden Salzwasser etwa 3 Minuten ziehen lassen, kalt abschrecken und zum Abkühlen beiseite stellen. Dann die Stäbchen herausziehen und den Panzer bis auf das kleine Schwanzstück entfernen.

2. 1/2 l Wasser zum Kochen bringen. Alle Fischfilets mit einem superscharfen, glatten Messer quer zur Faser in etwa daumengroße, dünne Stücke schneiden. Die Zuckerschoten waschen, Stiele abknipsen und eventuelle Fäden abziehen. Etwa 5 Minuten in sprudelndem Wasser kochen. Dann sofort mit eiskaltem Wasser abschrecken und abtropfen lassen.

3. Jeder nimmt sich eine Portion Reis und formt mit leicht angefeuchteten Fingern längliche Ballen von ca. 3 x 6 cm. Auf jeden Reisballen ein wenig Wasabi geben (Vorsichtig! Er ist wirklich mächtig scharf!) und darauf ein Stück rohes Fischfilet, eine ganze Garnele oder eine Zuckerschote legen. Mehr aus ästhetischen denn aus technischen Gesichtspunkten kann man um einige der Nigiri-Sushis einen schmalen Streifen Nori wie ein Haltetau wickeln.

Maki

Maki mit verschiedenen Füllungen für ca. **10 Personen** :
**3 Lauchzwiebeln • 1 Avocado • 1 Zucchini • 150 g Lachsfilet • 150 g Thunfischfilet •
150 g ungeräuchertes Makrelenfilet • 100 g Steinbuttfilet • 20 Blätter Nori •
1 kg fertiger Sushi-Reis wie auf Seite 45 beschrieben • 1 Tube Wasabi (japanischer
grüner Meerrettich) • 100 g Surimi (Krebsfleischersatz) • 100 g Forellenrogen
Mindestens eine Bambusmatte zum Aufrollen**

1. Die Lauchzwiebeln waschen, die Avocado schälen, halbieren und entkernen. Die Zucchini und die Fischfilets waschen. Alles in feine Scheiben schneiden.

2. Auf die Bambusmatte ein Blatt Nori legen, darauf eine dünne Schicht Sushi-Reis gleichmäßig verteilen und etwas Wasabi darauf geben. In die Mitte der Reisschicht je ein dünnes Streifchen Fischfilet, Surimi oder etwas Rogen legen, daneben Avocado-, Lauchzwiebel- oder Zucchinistreifen. Das untere Nori-Ende umklappen, mit Hilfe der Bambusmatte aufrollen und dabei behutsam andrücken. Einen Augenblick ruhen lassen und dann mit einem scharfen Messer in ca. 5 cm lange Stücke schneiden. (Am besten lassen Sie sich die Technik beim Einkauf der Bambusmatten im Asia-Shop ganz genau zeigen.)

Nigiri und Maki werden direkt vor dem Genuss in salzige Sojasauce getaucht, davon sollte also mindestens eine große Flasche vorhanden sein. Als Beilage können Sie milden weißen Rettich, superfein geraffelt, anbieten, außerdem süßsauer eingelegten rosa Ingwer, den Sie im Asia-Geschäft im Glas erhalten. Zu Sushi schmeckt am besten warmer Reiswein oder eiskaltes japanisches Bier.

Eis aus grünem Tee für ca. 10 Personen
2 l Vanille-Eis • 1/2 l kalter starker grüner Tee • 125 g Sahne

1. Das Vanille-Eis ein kleines bisschen antauen lassen. Den abgekühlten Tee und die Sahne mit einer Küchenmaschine in das Vanille-Eis einarbeiten.
2. Alles in einem großen Behälter etwa 60 Minuten in die Tiefkühltruhe stellen, jedoch alle 15 Minuten herausholen und kräftig durchrühren.
3. Mit einem geraden Spatel oder Tortenheber eckige Stücke abstechen und auf Teller verteilen.

Eines Abends klingelt Svens Telefon, als er gerade nach Hause kommt. Während er spricht, macht er sich sein Abendessen. Natürlich wird schnell klar, dass die Dame am anderen Ende eigentlich falsch verbunden war – sie klingt jedoch so nett und sympathisch, dass Sven alle Charme-Akkus anwirft und ein langes Gespräch daraus macht.

»Was raschelst du da?«, will sie wissen.

»Ich bereite mir eine Chinapfanne zu.«

»Ein Mann, der kochen kann!«, freut sich die Maid.

Sie wohnt in derselben Stadt wie Sven. Vielleicht sieht man sich ja mal. Sie tauschen E-Mail-Adressen und Fax-Nummern aus. Ach ja, richtig, und ihre Namen: Eveline heißt sie, Eveline Einzel.

Chinapfanne

Chinapfanne mit Putenfleisch für 1 Person:
60 ml Sojasauce • 20 g frischer Ingwer • 1 Knoblauchzehe • 1 kleines Putenschnitzel •
1 Stange Lauch • 1 kleiner schwarzer Rettich • 30 g Glasnudeln • 40 ml Pflanzenöl •
1 1/2 TL Maisstärke • Salz • Pfeffer • 125 g Mungbohnensprossen

1. Die Sojasauce in ein Schälchen geben. Den Ingwer schälen und fein reiben. Die Knoblauchzehe abziehen und zerdrücken. Beides mit der Sojasauce mischen.

2. Das Schnitzel kurz kalt abwaschen und trockentupfen. Quer zur Faser in längliche Stücke schneiden und in der Sauce marinieren.

3. Inzwischen 1/2 l Wasser zum Kochen bringen. Den Lauch längs aufschneiden, waschen und in Ringe schneiden. Den Rettich schälen und zu dünnen Stiften verarbeiten. Die Glasnudeln mit dem kochenden Wasser übergießen und dann mit einer Schere in ca. 10 cm lange Stücke schneiden.

4. Das Öl in einer großen, tiefen Pfanne erhitzen, das Putenfleisch aus der Marinade fischen und scharf anbraten. Wenn es gebräunt ist, die Marinade und ein wenig Wasser angießen.

5. Den Lauch, den Rettich und die Glasnudeln dazugeben und etwa 5 Minuten köcheln lassen. Die Maisstärke mit etwas kaltem Wasser gut vermischen und die sprudelnde

Sauce damit unter Rühren andicken. Mit Salz und Pfeffer vorsichtig würzen, da die Sojasauce schon salzig ist.

6. Die Flüssigkeit der Mungbohnensprossen abgießen. Die Sprossen waschen, abtropfen lassen, über das Fleisch und das Gemüse streuen und behutsam untermischen. Alles sofort vom Herd nehmen, da die Sprossen nicht kochen sollen.

Zunächst einmal kommt aber die süße Ägypterin zum Essen.
Sven bereitet sorgfältig ein 3-Gänge-Menü und deckt und schmückt. Er verwendet den
Rest Wasabi von der Sushi-Orgie für die Sauce, das passt sehr gut.

Lachs

Nun sitzt Warda ihm gegenüber und funkelt geheimnisvoll-orientalisch mit den großen Augen.

»Was bedeutet dein Name – Warda Wahid?«, fragt Sven.

»Ja, wie kann ich sagen … so ungefähr Blume Einsam …«

Einsame Blume! Ist das nicht entzückend? Vielleicht führt sie nachher einen Bauchtanz für ihn vor, da er doch so schönes Joghurt-Eis für sie gemacht hat? Sie haut auch anständig rein, es scheint ihr zu schmecken.

Dann bedankt sie sich jedoch nur herzlich für das wunderbare Essen – und geht. Kurz vor elf. Ohne auch nur zu fragen, ob sie abwaschen helfen soll.

Lachs-Terrine für 2 Personen:
150 g Lachsfilet · 3 Blätter weiße und 2 Blätter rote Gelatine ·
150 g Crème fraîche · 4 EL Gemüsebrühe · 1/2 TL Meerrettich ·
1 TL grüne Pfefferkörner · 2 frische, reife Feigen · einige Stängel Dill

1. Das Lachsfilet waschen, trockentupfen und im Mixer pürieren. Die Gelatine in kaltem Wasser einweichen. Die Crème fraîche mit dem Lachspüree gut vermischen.

2. Die Gemüsebrühe in einem kleinen Topf erhitzen, kurz vor dem Aufkochen vom Herd nehmen und die weiche Gelatine darin auflösen. Den Meerrettich und die Pfefferkörner in das Lachspüree rühren und die Gelatine-Brühe darunter schlagen. Alles in eine mit Klarsichtfolie möglichst glatt ausgelegte Form gießen und im Kühlschrank mindestens 3 Stunden kalt stellen. Am selben Abend verbrauchen!

3. Die Lachs-Terrine stürzen und die Folie vorsichtig abziehen. Die Feigen waschen und in der Mitte aufschneiden. Die Terrine in zwei Hälften schneiden. Auf Tellern anrichten und mit den Feigen und dem Dill garnieren.

Terrine

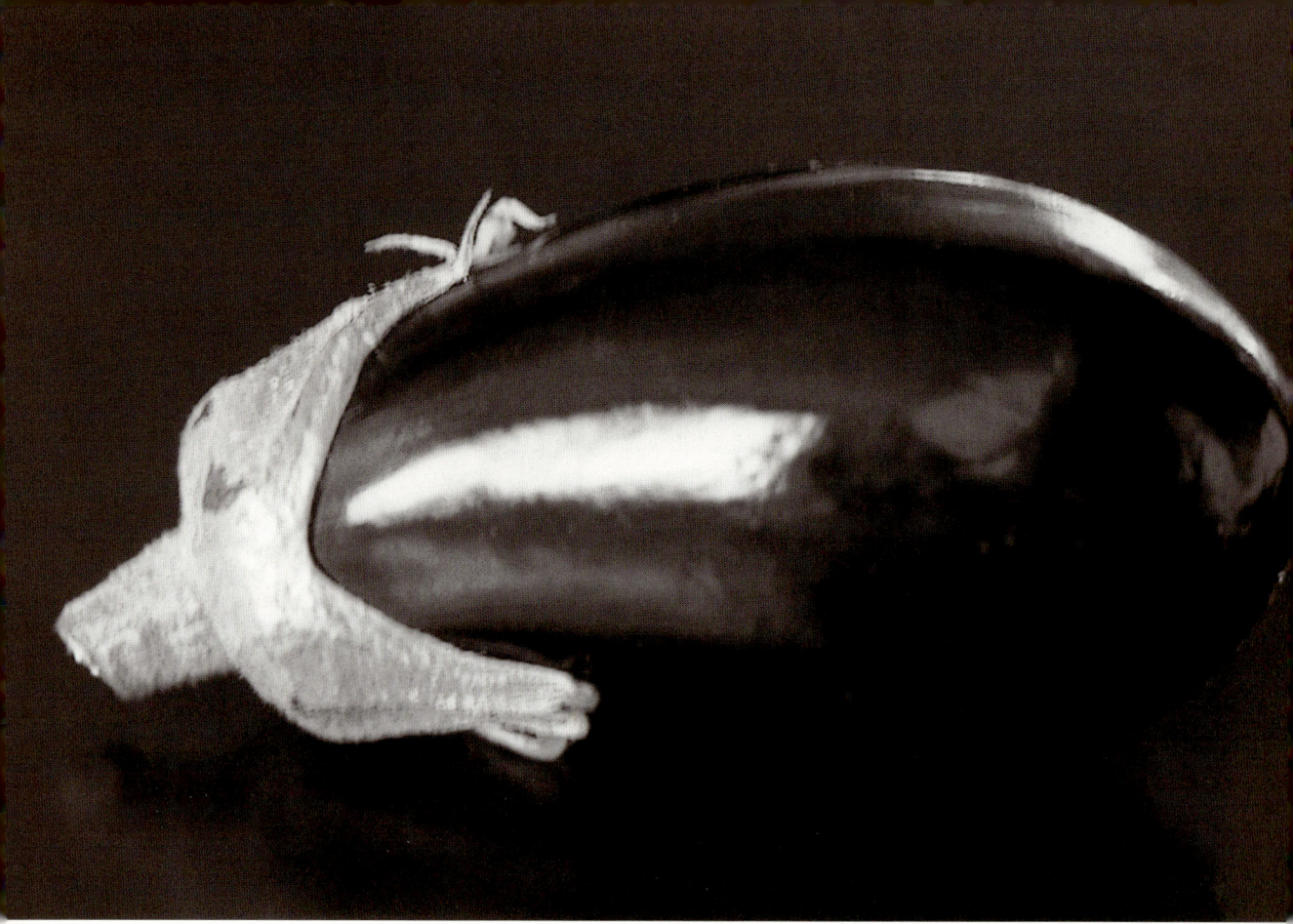

Schweinefilet mit gebackener Aubergine, Honigsauce und Reisbällchen für 2 Personen:
2 möglichst gleich große Auberginen • 10 EL Maiskeimöl • 70 ml Sojasauce •
70 ml flüssiger Honig • 1 EL Wasabi (japanischer grüner Meerrettich) oder scharfer Senf •
3 EL Wodka • 3 Eigelb • 2 Stück Schweinefilet, ca. je 200 g • Salz • Pfeffer •
Rosenpaprika • 150 g gekochter Reis • 1 Ei
Den Backofen vorheizen!

1. Auberginen vom Stielansatz befreien, waschen und abtrocknen. Auf ein Backblech mit Backpapier nebeneinander legen und die Auberginen mit etwas Öl bepinseln. Bei 180 °C auf mittlerer Schiene etwa 60 Minuten schmoren lassen.

2. Sojasauce, Honig, Wasabi oder Senf, Wodka und Eigelb miteinander sehr gut verquirlen, in einem Topf unter ständigem Rühren zum Aufkochen bringen und noch einige Minuten weiter brodeln lassen. Warm stellen.

Schweinefilet mit Aubergine

3. Die Schweinefilets waschen und trockentupfen, behutsam ein wenig flach klopfen. Öl in einer Pfanne erhitzen, das Fleisch von jeder Seite etwa 3 bis 4 Minuten braten. Vom Herd nehmen, mit Salz, Pfeffer und Paprika würzen und warm stellen.

4. Den Reis mit dem verquirlten Ei sowie etwas Salz und Pfeffer verrühren. Mit nassen Händen sechs Bällchen formen. Öl in einer tiefen Pfanne erhitzen, die Bällchen darin in etwa 6 Minuten ausbacken.

5. Die Auberginen mit einer Gurkenzange aus dem Backofen heben und auf Tellern anrichten. Die Sauce darüber gießen. Das Fleisch daneben platzieren, ebenso je drei Reisbällchen.

Joghurt-Eis

Joghurt-Eis für 2 Personen:
1 Ei • 50 g Zucker •
100 g Joghurt • 60 g Sahne •
70 g Vollmilchkuvertüre •
2 Fächerwaffeln

1. Das Ei trennen. Das Eigelb mit dem Zucker im Wasserbad dickschaumig schlagen. Dann den Joghurt hineinrühren.

2. Das Eiweiß und die Sahne getrennt steif schlagen und beides unter die Joghurtmasse heben. In die Tiefkühltruhe stellen und mindestens 3 Stunden frieren lassen.

3. Die Kuvertüre in einen Stieltopf geben und in einen größeren, halb mit Wasser gefüllten Topf halten. Das Wasser im äußeren Topf heiß werden lassen, aber nicht kochen. Die Kuvertüre schmelzen, in dünner Schicht auf ein Backpapier gießen und fest werden lassen.

4. Etwa 30 Minuten vor dem Servieren das Eis aus dem Gefrierschrank nehmen und bei Zimmertemperatur stehen lassen. Mit einem Holzschaber große Locken abringeln und auf zwei Tellern anordnen. Ebenso von der Kuvertüre Locken abringeln und über dem Eis verteilen. Die Waffeln obenauf stecken.

»Wie konnte das denn passieren?«, Al Alone kichert, als sein Freund von dieser Pleite erzählt. »Hast du ihr etwa nicht gesagt: ›Machen Sie sich's bequem, während ich die Zwiebeln putze, können Sie ja schon mal die Haare runterlassen‹ … ?«

»Ihre Haare waren bereits unten, als sie kam.«

»Und weshalb wollte sie sich's mit dir nicht gemütlich machen nach dem Essen?«

»Ich glaube, sie ist ein bisschen mit einem jungen Mann in ihrer Heimat verlobt. Ach ja, und außerdem ist sie ein bisschen in einen ihrer Professoren an der Uni verknallt.«

Al findet das komisch. Im Übrigen macht er für sich und Sven einen deftigen Linsentopf. Sven kostet misstrauisch. Naja, gar nicht mal so schlecht für einen Anfänger …

Linser

Deftiger Linsentopf für 2 Personen:
200 g rote Linsen • Salz • 1 große Zwiebel • 1 Lorbeerblatt • 1 Messerspitze gemahlener Kümmel • 1 kleine Dose Pizzatomaten • 150 g durchwachsener, geräucherter Speck

1. Die Linsen unter fließendem Wasser gründlich abspülen und über Nacht in kaltem Wasser in einem großen Topf einweichen.

2. Am nächsten Tag mit dem Einweichwasser aufsetzen – sollten die Linsen das Wasser vollständig aufgesogen haben, noch ca. 1/4 l Wasser dazugeben und salzen. Die Zwiebel schälen, halbieren und mit dem Lorbeerblatt und dem Kümmel dazugeben. Bei schwacher Hitze etwa 45 Minuten kochen lassen.

3. Die Pizzatomaten zu den Linsen rühren. Den Speck würfeln und ebenfalls dazugeben. Nach Möglichkeit das Lorbeerblatt herausangeln.

Vor lauter Frust erkältet sich Sven. Er sitzt kläglich im Büro herum und schaudert gegen Halsweh und aufsteigendes Fieber an. Senta Separatius, seine tolle Kollegin, wird von Mitleid ergriffen.

»Du solltest sofort nach Hause gehen und dich ins Bett legen, Sven!«

Sven putzt sich die Nase und fragt tapfer: »Glaubst du?«

»Allerdings. Am liebsten würde ich dir noch eine Hühnersuppe kochen, wenn ich Zeit hätte. Das ist ein Wundermittel gegen Erkältung. Viel Zwiebel und Knoblauch muss da rein und möglichst etwas Ingwer. Das wirkt alles noch zusätzlich antibakteriell oder antivirisch.«

»Kann ich mir ja selbst kochen«, äußert Sven bescheiden.

»Du kannst kochen?!«

»Ziemlich gut sogar.«

»Phantastisch!«, findet Senta. Sie betrachtet ihn zum ersten Mal mit etwas innigerem Interesse. Gleich fällt ihr noch etwas ein: »Du solltest dir vielleicht auch ein altenglisches Getränk machen!«

»Ein bitte was?«

»Altenglisches Getränk. Die sind doch momentan sehr im Trend, so aus der Zeit von Cromwell, heiße Mixgetränke, manchmal mit Bier…«

»Lauwarme Cervisia?«, fragt Sven erschüttert. Darüber kann Senta nicht lachen, weil sie Asterix nicht kennt. Sie beteuert: »Die schmecken wirklich hervorragend! In meinem Club servieren die nur noch so was, und natürlich ist es gut gegen Erkältung. Die Engländer mit ihrem Regen und Nebel sind da Experten.«

Dann packt Sven wirklich seine Sachen und begibt sich nach Hause. Unterwegs kauft er noch etwas Huhn und Ingwer. Knoblauch und Zwiebeln hat er inzwischen gewohnheitsmäßig zu Hause…

Hühnersuppe Vitalitas für 1 erkältete Person:
1 Stück Hühnerbein oder, je nach Geschmack und Angebot, Hühnerbrust (aus den Flügeln lässt sich keine gute Suppe machen. Manchmal werden Brathähnchen von ca. 700-800 g angeboten, die eignen sich auch gut für eine 1-Personen-Suppe) • 1 große Zwiebel •
1 Knoblauchzehe • 20 g frischer Ingwer • 1 1/2 EL gekörnte Brühe •
3 mittelgroße Karotten • 1 kleine Stange Lauch • Pfeffer • einige Stängel Petersilie
Dazu: gekochter Reis, siehe z.B. indischer Hühnertopf. Eine Portion in den Teller und heiße Hühnersuppe drauf.

Hühnersuppe

1. Das Hühnerstück gründlich mit kaltem Wasser abwaschen und mit Küchenpapier trockentupfen. In einem mittelgroßen Topf, mit kaltem Wasser bedeckt, aufsetzen.

2. Die Zwiebel schälen und halbieren. Die Knoblauchzehe schälen und zerdrücken. Den Ingwer schälen und sehr klein hacken. Alles sowie 1 EL gekörnte Brühe dazugeben.

3. Etwa 60 Minuten kochen, dann das Geflügelstück herausnehmen und etwas abkühlen lassen. Inzwischen die Karotten schälen und in dünne Scheiben oder kleine Würfelchen schneiden. 10 Minuten sprudelnd in der Brühe kochen lassen. Den Lauch längs aufschneiden, waschen, in feine Ringe schneiden und in den letzten 3 Minuten ebenfalls zur Suppe geben.

4. Das Hühnerstück häuten und vom Knochen befreien, in mundgerechte Stücke schneiden und zurück in die Suppe geben.

5. Mit Pfeffer und eventuell noch etwas gekörnter Brühe würzen. Die Petersilie waschen, trockenschütten, klein hacken und darüber streuen.

Außerdem meldet Sven sich bei Butz: Sharon gehe es gut und Butz möge ihm bitte ein paar Rezepte für historische englische Heißgetränke faxen. Für 1 fröstelnde Person! Irgendetwas Leckeres mit heißem Bier, falls so etwas wirklich möglich ist – aus Cromwells Zeit.

Butz faxt zurück, Cromwell war Puritaner, bei dem gab's aus Prinzip nichts Leckeres. Er hätte da einige Vorschläge aus der Restauration, King Charles II. war Genießer...

Cock's End

Cock's End (Bierpunsch) für 1 Person:
1 Ei • 20 g Vollrohrzucker • 1/2 l dunkles, starkes Bier •
etwas unbehandelte Zitronenschale (oder besser: 1/2 Tütchen Zitronenaroma) •
1 Messerspitze Ingwerpulver • 1 Messerspitze Kardamom

1. Das Ei trennen und das Eiweiß sehr steif schlagen. Das Eigelb mit dem Zucker cremig rühren und behutsam mit einem flachen Holzlöffel unter den Eischnee heben.

2. Das Bier erhitzen, kurz vor dem Kochen vom Herd nehmen und die Gewürze darin verquirlen.

3. Die Ei-Zucker-Mischung in ein hohes Glas füllen und unter Rühren mit einem Metalllöffel das Bier langsam dazugießen.

Lamb's Wool

Lamb's Wool (altenglisches Getränk) für 1 Person:
1 großer Apfel • 10 g frischer Ingwer • 20 g Butter • 40 g brauner Zucker •
1/2 l Ale oder Bier (Malzbier eignet sich auch gut) • 1 Prise geriebene Muskatnuss

1. Den Apfel schälen, halbieren, das Kerngehäuse entfernen und fein reiben. Etwas warten, bis das Mus braun anläuft. Den Ingwer ebenfalls schälen und fein reiben. Mit dem Apfelmus vermischen.

2. Die Butter in einem Topf bei schwacher Hitze zergehen lassen, den Zucker hineingeben, umrühren und ein wenig karamellisieren. Das Apfel-Ingwer-Mus dazurühren.

3. Das Bier in einem anderen Topf erhitzen, aber nicht kochen. Mit einem Stabmixer in das Mus quirlen, mit Muskatnuss abschmecken und sofort servieren.

… und mal ohne Bier und kalt statt heiß, aber sehr historisch:

Sillibub (angelsächsisches Thema mit vielen Variationen) für 1 Person:
125 g Sahne • 1/8 l sehr kalte Milch • 2 EL Honig •
1/8 l Cidre oder lieblicher Weißwein • 1 EL weißer Rum

1. Die Sahne, die Milch und den Honig in einem großen Glas sehr gut miteinander vermischen.

2. Den Cidre dazugießen

3. Zum Schluss den Rum hineinrühren.

Sven ist dank der Hühnersuppe und vielleicht auch dank der historischen Getränke schnell wieder gesund, zurück im Büro und bemüht, Liegengebliebenes aufzuarbeiten. Da rauscht sein Vorgesetzter, Herr Bull, mit jovialer Miene an seinen Schreibtisch.

»Na, Herr Single, wieder auf dem Damm, nicht wahr? Ich habe ja gehört – Frau Separatius hat erzählt – Sie können gut kochen, was?«

Sven möchte das Thema wechseln. Warum soll er hier sein Privatleben entblößen?

»Also, Herr Single, Sie wissen ja, unser Betriebsfest ist am nächsten Freitag. Da mögen Sie uns doch bestimmt etwas hübsches selbst Gemachtes mitbringen, nicht wahr? Ich habe schon alle Kolleginnen gefragt, aber die meisten reagieren eher sauer, haben gegiftet: ›Ach ja, Frauen gehören wohl in die Küche‹ und so … Wir können doch auf Sie bauen, Herr Single?«

Natürlich kann jeder auf Sven bauen. Er wird etwas Hübsches mitbringen …

Thunfisch

Thunfischsalat für 10-15 Personen:
350 g tiefgefrorener Zuckermais • 400 g Thunfisch im eigenen Saft aus der Dose • 4 Zwiebeln • 150 g schwarze Oliven ohne Kern • 1 große Zucchini • 2 reife Mangos • 12 hart gekochte Eier • 50 ml Kräuteressig • 40 ml Olivenöl • 1 Messerspitze Salz • frisch gemahlener Pfeffer • 1 Bund Dill • 1 Bund Schnittlauch

1. Den Mais auftauen. Den Saft aus der Thunfischdose abgießen und das Thunfischfleisch mit einer Gabel teilen. Die Zwiebeln schälen und in Ringe schneiden. Den Thunfisch, die Zwiebelringe und die Oliven in eine große Glasschüssel geben. Die Zucchini waschen, vom Stielansatz befreien, in dünne Scheiben schneiden und dazugeben. Die Mangos schälen und möglichst gleichmäßige, ca. 3 x 3 cm große Stücke vom Kern abschneiden und mit dem aufgetauten Mais ebenfalls zu dem Thunfisch geben.

salat

2. Die Eier schälen und der Länge nach halbieren, sehr behutsam unter den Salat mischen, damit sie möglichst heil bleiben.

3. Aus Essig, Öl, Salz und Pfeffer eine Marinade rühren und über den Salat gießen. Den Dill und den Schnittlauch waschen, in 1 bis 2 cm lange Stücke schneiden und über den Salat streuen.

Große Rohkostplatte mit Dip für 10-15 Personen:
8 Stangen Sellerie • 3 Salatgurken • 1 kg frische, knackige Karotten • 1 langer weißer Rettich • 2 grüne, 2 gelbe und 2 rote Paprikaschoten • 3 Zucchini • 500 g frische weiße Champignons • je ca. 30 g frischer Liebstöckel, Rucola, glatte Petersilie und Kresse • 250 g Kräuterfrischkäse • 100 g Joghurt • 1 Eigelb • 20 g Sesamsamen • Salz • schwarzer Pfeffer, frisch gemahlen

Rohkostplatte

1. Die Selleriestangen waschen und trockentupfen. Die Salatgurken, die Karotten und den Rettich schälen. Die Paprikaschoten und die Zucchini waschen und abtrocknen. Die Paprikaschoten aufschneiden und entkernen. Das ganze Gemüse in möglichst lange, dünne Streifen schneiden. Die Champignons mit einem Küchenpapier oder einem Pilzpinsel putzen und die Stiele abschneiden. Alles dekorativ auf einer großen, flachen Platte anrichten.

2. Liebstöckel, Rucola, Petersilie und Kresse waschen, trockenschütteln und klein hacken. Frischkäse, Joghurt, Kräuter, Eigelb und Sesamsamen gut miteinander vermischen. Mit Salz und Pfeffer würzen und in einer Schale in die Mitte stellen.

Nudelsalat für 10-15 Personen:
500 g tiefgefrorene extrakleine Erbsen • 500 g grüne Bandnudeln • 250 g Karotten aus der Dose • 250 g Ananas-Stückchen aus der Dose • 4 große Orangen • 500 g geräucherte Putenbrust • 250 g Edamer • 150 g Remoulade aus dem Glas • 125 g Sahne • 1/2 TL Salz • 4 EL Sherryessig • 1 EL Tomatenmark

Nudelsalat

1. Die Erbsen auftauen und kurz kochen. Die Nudeln in genügend Salzwasser bissfest kochen, kalt abbrausen und gut abtropfen lassen. Die Karotten und die Ananas abgießen. Die Orangen schälen, entkernen und in Stücke schneiden. Die Putenbrust und den Edamer würfeln.

2. Die Nudeln in eine große Schüssel geben und vorsichtig mit Erbsen, Karotten, Orangen, Ananas-Stückchen, Putenbrust und Edamer vergesellschaften.

3. Aus Remoulade, Sahne, Salz, Sherryessig und Tomatenmark eine Marinade quirlen und mit zärtlicher Hand unter den Salat heben.

Senta Separatius hat sich von Sven zum Essen einladen lassen. Er denkt sich stracks ein neues Verführungs-menü aus. Diesmal muss es ein denk-würdiger Abend werden!

Senta guckt in Sharons Aquarium und findet den Fisch nicht niedlich, son-dern »etwas eklig«. Sie mag keinen Fisch, sagt sie. Wie günstig, dass Sven keinen gekocht hat.

Außerdem merkt sie an, dass man das ja eigentlich nicht macht: Geflü-gelleber und gleich danach Enten-brust. Schon hat Sven wieder was ge-lernt.

Er serviert gerade die Emotionsbecher, da klingelt sein Telefon. Al muss dringend wissen, was ein Esslöffel ist.

»Ein Esslöffel ist ein Esslöffel ist ein Esslöffel ...«, meint Sven poetisch – und genervt.

»Nein, ich meine – wie viel passt da drauf? Ich hab' ein Rezept aus dem Internet, aber da stehen alle Mengenangaben in Löffeln und Tassen ... Die sind doch immer verschieden? Weißt du, wie viel Milligramm Mehl ein Esslöffel Mehl ist?«

»Willst du Koch sein oder Chemiker? Mein Onkel arbeitet in einem Labor, der kann dir kleine Messröhrchen besorgen. Hör doch lieber auf deine Intuition!«, rät Sven und legt auf. Gleich darauf klingelt es wieder. Sven reißt den Hörer hoch und sagt kriegerisch: »Du störst!«

Am anderen Ende herrscht erschrockenes Schweigen. Dann fragt eine schüchterne

klößchensuppe

Stimme nach Frau Separatius. Sentas Babysitter berichtet, dass sich ihre kleine Tochter übergeben habe. Sven ist auch kurz davor. Selbstverständlich muss Senta nun sofort nach Hause fahren und sich um ihr Kind kümmern.

Sven bleibt betreten zurück. Er verputzt auch Sentas Dessert, bemerkt dabei, dass es doch recht gehaltvoll ist, und räumt die Küche auf.

»Soll ich dir was sagen, Sharon? Bei näherem Kennenlernen hat sie mich enttäuscht. Sie hat Grips und Stil und Geschmack, kein Zweifel. Aber besonders herzlich wirkt sie nicht, finde ich …«

Sharon ist ganz seiner Meinung.

Leberklößchensuppe für 2 Personen:
1 Gänseleber • 1 TL Schweineschmalz • je 1 Messerspitze Majoran und Muskatnuss •
Salz • Pfeffer • 1 EL Mehl • 1 sehr kleines oder ein halbes Ei • 3/4 l klare Fleischbrühe •
einige Stängel Petersilie, frisch gehackt

1. Die Gänseleber waschen, trockentupfen und im Schweineschmalz in einer Pfanne sachte von allen Seiten anbraten. Mit etwas Wasser ablöschen und zugedeckt bei mittlerer Hitze etwa 10 Minuten köcheln. Das Wasser abgießen, die Leber abkühlen lassen und dann im Mixer pürieren.

2. Mit Majoran, Muskatnuss, Salz, Pfeffer, Mehl und Ei verkneten und aus dem Teig mit nassen Händen 8 kleine Klößchen formen.

3. Die Fleischbrühe aufkochen, die Klößchen mit einem Löffel hineingeben und etwa 10 Minuten darin ziehen lassen. Die Suppe kurz vor dem Servieren mit der Petersilie bestreuen.

Entenbrust auf Wirsingschaum mit Pommetten für 2 Personen:
1 kleiner oder halber Kopf Wirsing •
1/2 l Brühe • 1 EL Crème double •
Salz • Muskatnuss • ca. 200 g Entenbrust • Pfeffer • Basilikum •
3 mittelgroße Kartoffeln • 1 Ei •
80 g Semmelbrösel • 4 EL Öl
Den Backofen vorheizen!

Entenbrust

1. Den Wirsing putzen und welke äußere Blätter entfernen. Den Rest in kleine Stücke schneiden und in der Brühe etwa 10 Minuten sprudelnd kochen. Die Brühe abgießen, den Wirsing aber nicht ausdrücken, sodass etwas Brühe erhalten bleibt. Mit dem Mixer fein pürieren, Crème double unterrühren und mit Salz und Muskatnuss würzen. Warm stellen.

2. Die Entenbrust waschen, trockentupfen und mit Pfeffer, Salz und Basilikum einreiben. Das Backblech mit Alufolie

auslegen, die Folie mit etwas Öl bepinseln und die Entenbrust auf mittlerer Schiene etwa 15 bis 20 Minuten bei 200 °C braten.

3. Die Kartoffeln waschen und in Salzwasser etwa 15 Minuten kochen, dann pellen und in Scheiben schneiden. Das Ei aufschlagen, verquirlen und salzen. Die Kartoffelscheiben in dem Ei wälzen und mit den Semmelbröseln panieren. Öl in einer Pfanne erhitzen und die Kartoffelscheiben darin von beiden Seiten knusprig braten.

4. Zwei Teller je zur Hälfte mit dem Wirsingschaum bedecken, die Pommetten auf der anderen Hälfte anrichten. Die Entenbrust in Scheiben schneiden – sie sollte innen noch rosa sein – und fächerförmig auf den Wirsing betten.

Emotionsbecher

Bowl of Emotions für 2 Personen:
250 ml Schokoladeneis • 2 Eiweiß • 60 g Zucker • 1 Päckchen Vanillezucker

1. Das Eis in zwei großen gläsernen Schalen oder Gläsern verteilen und festdrücken, bis sie genau zur Hälfte gefüllt sind. In den Kühlschrank stellen.

2. Das Eiweiß sehr steif schlagen, nach und nach Zucker und Vanillezucker einrieseln lassen. Den Eischnee in einen Stieltopf füllen und in einen größeren, halb mit Wasser gefüllten Topf halten. Das Wasser im äußeren Topf sehr heiß werden lassen, aber nicht kochen. Den Eischnee so lange rühren, bis eine dicke, cremige Masse entsteht.

3. Die heiße Creme auf dem Eis verteilen und sofort servieren.

Hummer

Sven hat nun erstmal keine Lust auf weitere verunglückte Romanzen. Er will zur Abwechslung bewusst seine Freiheit genießen. Allein ist das Leben weniger teuer als zu zweit. Allein kann man sich mehr leisten. Deshalb gönnt er sich jetzt etwas betont Luxuriöses!

Hummer Thermidor für 1 gefräßige Person:
100 g Butter • 1 Hummer von ca. 700 g (beim Fischhändler frisch gekocht und in 2 Hälften geschnitten abholen, nachdem man ihm erklärt hat, dass man ein sensibler junger Mann ist und das Tier nicht selbst killen kann) • Salz • Pfeffer • 1 EL Mehl • 125 g Sahne • 1 Eigelb • 1/2 TL scharfer Senf • 30 g geriebener Käse • 1 Römersalat • 1 Bund Dill
Den Backofen vorheizen!

1. Die Butter in einer kleinen Pfanne zergehen, aber nicht braun werden lassen. Das Hummerfleisch in Streifen schneiden, mit Salz und Pfeffer würzen, in die Panzerhälften zurücklegen und mit Butter dünn bestreichen. In einer Bratform in den Backofen geben und bei 240 °C etwa 15 Minuten backen, dabei immer wieder mit der Hälfte der zerlassenen Butter beträufeln.

2. Die anderen 50 g Butter mit dem Mehl anschwitzen. Mit der Sahne ablöschen und vom Herd nehmen. Das Eigelb hineinrühren und mit dem Senf würzen.

3. Die Sauce zu gleichen Teilen über das Hummerfleisch geben, den Käse darüber streuen und alles noch einige Minuten überbacken.

4. Den Römersalat und den Dill waschen und trockenschütteln. Den Römersalat in kleine Stücke reißen. Den Hummer auf einem Teller mit dem Römersalat anrichten und mit dem Dill garnieren.

Thermidor

Kaviar

Kaviar für 1 genusssüchtige Person:
150 g Beluga-Kaviar • 1/2 Zitrone • ein Gläschen eiskalter Wodka

1. Das Kaviar-Glas öffnen.
2. Den Kaviar mit etwas Zitrone beträufeln.
3. Den Kaviar löffeln.

Jedenfalls ist es das, was Sven tut. Sie können gern auch noch ein gehacktes, hart gekochtes Ei hinzufügen und den Kaviar auf getoastetes Brot schichten. Und dazu statt des Wodkas kalten Sekt trinken.

82

Trüffelsuppe für 1 naschhafte Person:
2 Scheiben tiefgefrorener Blätterteig • 1 Karotte •
1 kleine rote Zwiebel • 30 g Butter • Salz •
1/2 Gänseleber • 100 g frische Trüffeln •
1/4 l lauwarme Hühnerbrühe • 1 Eigelb
Den Backofen vorheizen!

Trüffelsuppe

1. Den Blätterteig auftauen. Die Karotte und die Zwiebel schälen und beides sehr klein würfeln. Die Butter in einer Pfanne zergehen lassen und die Karotte und die Zwiebel darin etwa 10 Minuten dünsten. Leicht salzen.

2. Die Gänseleber waschen, trockentupfen und in kleine Würfel schneiden. Die Trüffeln in Scheiben schneiden. Beides behutsam unter das Gemüse heben und nochmals etwa 5 Minuten dünsten lassen.

3. Eine feuerfeste, große Suppentasse mit dem Gemüse und der Leber füllen. Die Hühnerbrühe darüber gießen. Die Blätterteigplatten überlappend zu einem Quadrat zusammenlegen und rund zuschneiden. Der Teig sollte mindestens 2 cm breiter als der obere Rand der Suppentasse sein. Über den Rand stülpen und rundherum andrücken, sodass die Suppe fest verschlossen ist. Das Eigelb verquirlen und auf den Teig pinseln.

4. In den Backofen geben und bei 220 °C etwa 10 Minuten überbacken. Servieren. Von oben mit dem Löffel in den Teigdeckel piken – er sollte zerbrochen in die Suppe fallen. Diese Suppe macht nicht unbedingt restlos satt, aber sie ist unglaublich lecker.

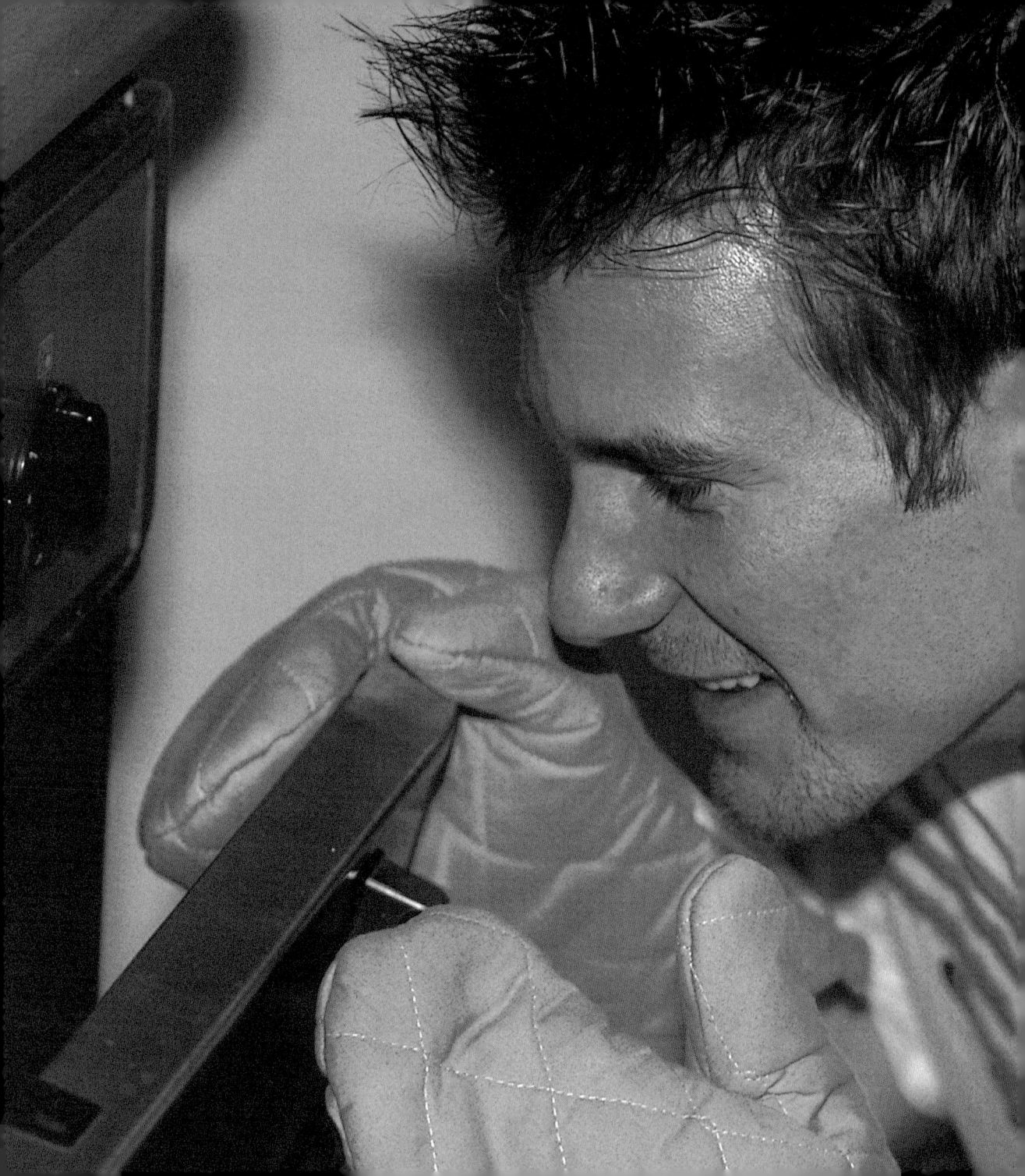

Fasan mit Birnen für 1 Luxus-Single:
1 Fasan von ca. 600 g, küchenfertig • Salz • Pfeffer •
100 g Butter • 2 dünne Scheiben fetter Speck •
2-3 reife hellgelbe Birnen • 1 EL Zucker • 70 ml Portwein
Den Backofen vorheizen!

Fasan

1. Den Fasan innen und außen waschen und trockentupfen. Mit Küchengarn die Keulen und Flügel fest an den Körper binden. Vorsichtig mit Salz und Pfeffer einreiben. In einem Bratentopf 50 g Butter zergehen lassen und den Fasan darin von allen Seiten etwa 10 Minuten anbraten.

2. Den Fasan auf den Rücken legen, die Brustseite mit den Speckscheiben abdecken. Bei mittlerer Hitze etwa 30 Minuten zugedeckt schmoren, zwischendurch immer wieder mit der restlichen, ebenfalls zerlassenen Butter beträufeln.

3. Die Birnen waschen, der Länge nach vierteln und Stängel und Kerngehäuse entfernen. Zusammen mit dem Zucker in einem Topf, mit Wasser bedeckt, in etwa 12 Minuten weich kochen.

4. Den Fasan von den Speckscheiben befreien und ohne Deckel noch etwa 8 bis 10 Minuten im Backofen auf der oberen Schiene bei 200 °C Oberhitze braten. Aufpassen, dass der Vogel nicht zu dunkel wird!

5. Fasan auf eine Platte legen, die Birnenviertel rundherum anordnen. Den Portwein an den Bratenfond gießen, aufkochen und dazu reichen.

Tipp: Dazu passen ausgezeichnet Kroketten und Rosenkohl.

Junge Männer, die Karriere machen wollen, fühlen sich auch nach Büro-schluss noch verpflichtet, gesell-schaftliche Kontakte zu knüpfen. Al und Sven haben an diesem Abend hochkulturell geknüpft, sie waren bei einer Vernissage.

»Der Sekt war jämmerlich«, bemerkt Al. »Das Fingerfood war grauenhaft. Al-les labbersüß oder schrill salzig. Dann doch lieber schlichte Laugenbrezeln«, urteilt Sven. »Komm eben noch mit zu mir, in meinem Kühlschrank sind die guten Sachen. Bayerisches Bier hab' ich auch.«

Lammtäschchen für 1-2 Personen :
2 Scheiben tiefgefrorener Blätterteig • 100 g Lammfleisch • 1 kleine Zwiebel • 2 EL Öl •
1/2 Knoblauchzehe • Salz • Pfeffer • 1 Bund Rucola • 1 Eigelb • 80 g salziger Schafskäse
Den Backofen vorheizen!

Lamm-
täschchen

1. Den Blätterteig auftauen. Das Lammfleisch durch den Wolf drehen oder ganz fein hacken. Die Zwiebel schälen und fein würfeln. Das Öl in einer Pfanne erhitzen und das Fleisch und die Zwiebel darin scharf anbraten. Die Knoblauchzehe schälen, zerdrücken und nach 1 Minute dazugeben. Eine weitere Minute braten, dabei umrühren.

2. Das Lammfleisch vom Herd nehmen und mit Salz und Pfeffer würzen. Den Rucola waschen, trockenschütteln und in Streifen schneiden. Das Eigelb verquirlen.

3. Den aufgetauten Blätterteig übereinander legen, in 5 gleich große Teile schneiden, sodass insgesamt 10 Stücke entstehen. Die oberen Stücke jeweils von den unteren trennen. Den Schafskäse in Streifchen schneiden. Auf den unteren Teighälften die Rucola- und die Schafskäsestreifen verteilen, darauf das Lammfleisch geben. Die oberen Teighälften darüber legen, behutsam an den Rändern zusammendrücken und mit dem Eigelb bepinseln. Auf ein mit Backpapier ausgelegtes Backblech setzen.

4. Die Täschchen bei 200 °C etwa 20 Minuten backen.

Tipp: Die Lammtäschchen schmecken auch kalt noch sehr gut.

Stehaufmännchen für 1-2 Personen:
4-5 Partytomaten (von der Größe liegen sie zwischen normalen
und Cocktailtomaten) • 1 kleine Zucchini • 12 Scheiben Frühstücksspeck •
1 runder Kuhmilchmozzarella • 80 g schwarze Oliven ohne Kern

Stehaufmännchen

1. Die Tomaten waschen, abtrocknen und halbieren. Wenn man absolut nicht dagegen ankommt, darf man den Stielansatz entfernen, aber das stört ein wenig die Stehaufmännchen-Dynamik. Die Zucchini waschen, abtrocknen und in ca. 2 cm dicke Scheiben schneiden.

2. Je eine Scheibe des länglichen Specks mehrmals um eine Zucchinischeibe wickeln. Die Zucchini-Speck-Scheiben in einer beschichteten Pfanne bei mittlerer Hitze von beiden Seiten knusprig braten. Aus der Pfanne nehmen.

3. Auf einem Teller die Tomatenhälften nebeneinander auf die runde Seite stellen. Je eine umwickelte Zucchinischeibe auf eine Tomatenhälfte setzen. Den Mozzarella in Scheiben schneiden, je eine Scheibe obenauf packen. Mit einem hölzernen Schaschlikstäbchen von oben nach unten durchbohren.

4. Zum Schluss eine schwarze Olive durch ihr Kernloch auf dem Schaschlikstäbchen bis zur Mozzarellascheibe rutschen lassen.

Kalte Gurkensuppe für ca. 2 Personen:
1 Knoblauchzehe • 300 g Joghurt • 1/8 l Milch • 50 ml herber Weißwein •
1/2 TL Salz • 1 Messerspitze schwarzer Pfeffer • 1 Salatgurke •
1/2 Kästchen Kresse • einige Stängel Dill

Gurkensuppe

1. Die Knoblauchzehe schälen, zerdrücken und mit Joghurt, Milch, Wein, Salz und Pfeffer verquirlen.

2. Die Gurke schälen, in Stücke schneiden, mit dem Stabmixer pürieren und mit der Joghurtmischung verrühren.

3. Die Kresse und den Dill waschen, trockenschütteln, nicht zu fein schneiden und in die Suppe geben. Die Suppe im Kühlschrank möglichst einige Stunden ziehen lassen.

Senior Single hat Sven und Al zu typischem Männermampf eingeladen: T-Bone-Steak.

»Ich wollte eigentlich kein Rindfleisch mehr essen ...«, wendet Al zögernd ein. »Dieses Fleisch ist von einem argentinischen Stier!«, versichert Senior. »Ich hab's von einem Freund, der Koch bei einer Steakhouse-Kette ist.«

T-Bone-Steak

T-Bone-Steak für 3 Personen:
3 T-Bone-Steaks (denn was ein richtiger
Kerl ist, der verdrückt allein ein ganzes!) ·
2 Knoblauchzehen · 10 EL Maiskeimöl ·
Saft von 1 Zitrone · 1/2 TL Salz ·
schwarzer Pfeffer, frisch gemahlen ·
250 g Zwiebeln · 250 g frische
Champignons · 30 g Butter · Salz
Den Backofen vorheizen!

1. Ein Backblech im Backofen heiß werden lassen. Die Steaks kalt abwaschen und mit einem Küchenpapier trockentupfen. Die Knoblauchzehen schälen, zerdrücken und zusammen mit 4 EL Öl, Zitronensaft, Salz und Pfeffer eine Marinade rühren. Die Steaks darin etwa 2 Stunden ruhen lassen.

2. In 3 großen Pfannen je 2 EL Öl stark erhitzen und dann je ein Steak scharf anbraten, etwa 2 Minuten pro Seite.

3. Die Steaks nebeneinander auf das heiße Backblech gleiten lassen und auf mittlerer Schiene bei 200 °C etwa 8 Minuten schmoren.

4. Die Zwiebeln schälen und in Ringe schneiden. Die Champignons mit einem Küchenpapier oder einem Pilzpinsel putzen. Die Butter in einer weiteren Pfanne zergehen lassen und die Zwiebeln und die Champignons darin goldbraun werden lassen. Mit Salz würzen.

5. Die Steaks auf drei Teller legen, die Zwiebeln und die Champignons obenauf schichten. Tipp: Dazu Knoblauchbrote servieren.

Manchmal chattet Sven mit der geheimnisvollen, interessanten Eveline – die Dame, die mit ihm mal falsch verbunden war. Er erzählt ihr von Sharon. Eveline findet: »Ein Goldfisch im Glas ist gequält. Der gehört in einen Teich. Mein Bruder hat einen im Garten, da sind einige Goldfische drin. Setz doch deine Sharon dazu!«

Sven schreibt: »Ich weiß nicht. Da ist Sharon dann vielleicht ›Die Neue‹ und wird von den anderen Fischen gemobbt.«

Evelines Antwort: »Weißt du was? Ich bring' dir nächste Woche einen netten Goldfisch, der kann sich erst mal mit deiner Sharon im Aquarium anfreunden. Und dann kommen sie gemeinsam zurück in den Teich. Was sagst du dazu?«

Sven denkt nach. Er weiß nicht, wie Eveline aussieht – nur, wie sie klingt und wie sie schreibt. Beides gefällt ihm. Es ist natürlich ein Wagnis – aber er tippt: »Okay. Komm doch bitte am Samstagabend. Ich koch' uns was Nettes. Und die Fische bekommen auch was Feines. Wahlweise Flockenfutter oder Pressfutter. Moment, ich muss Schluss machen, es bimmelt an meiner Tür.«

Das ist keine Ausrede. Freunde und Kollegen suchen Sven unerwartet heim. Leider nicht Al. Glücklicherweise nicht Senta. Alle waren in der Nähe im Kino – und haben jetzt Hunger …

Kartoffeln mit Speck

Speckkartoffeln für ca. 7 Personen:
750 g rohe Kartoffeln • Salz • Öl zum Be-
streichen des Backblechs • 250 g gekoch-
te Kartoffeln aus dem Kühlschrank •
200 g gewürfelter Speck • 250 g türki-
scher Kuhmilch-Schnittkäse • 3 EL Sem-
melbrösel • 1/2 TL getrockneter Thymian
Den Backofen vorheizen!

1. Die rohen Kartoffeln eilig schälen, etwa 15 Minuten in Salzwasser kochen
und abgießen. Ein Backblech mit Öl bestreichen. Die bereits gekochten Kartoffeln aus dem Kühlschrank in Scheiben
schneiden und auf das Backblech legen.
Das passiert dann auch den restlichen
Kartoffeln.

2. Den Speck über den Kartoffeln verteilen. Den türkischen Käse grob reiben
und ebenfalls darüber geben. Zum
Schluss werden die Semmelbrösel und
dann der Thymian darauf gestreut.

3. Alles bei 180 °C etwa 15 Minuten
überbacken.

Demnächst hat Al Alone Geburtstag. Das gibt eine Feier! Sven wird unter anderem die Mitternachtssuppe liefern. Es dauert ewig, bis die Suppe endlich kocht.

Sven beschließt, erst einmal zu duschen.

Unter der Dusche fällt ihm ein: nun kocht es wohl?!!

Gulaschsuppe für viele (ca. 14 Personen):
1 kg durchwachsenes Rindergulasch • 500 g mageres Schweinegulasch •
125 g Schweineschmalz • 200 g Zwiebeln • 1 EL Salz • 1/2 TL schwarzer Pfeffer •
1 TL scharfes Paprikapulver • 1 TL Kümmelpulver • 3 EL Mehl • 2 grüne und
2 rote Paprikaschoten • 500g reife Tomaten • 250 g saure Sahne •
150 g Sauerkraut • 3 EL süßes Paprikapulver • 1/4 l herber Rotwein

Gulaschsuppe

1. Das Fleisch kalt abbrausen und mit Küchenpapier trockentupfen. In einem großen Schmortopf das Schmalz stark erhitzen, nach und nach das Fleisch darin von allen Seiten gut anbräunen und zunächst wieder aus dem Topf nehmen. Die Zwiebeln schälen, grob würfeln und in dem Fett glasig schmoren. Das Fleisch wieder dazugeben, mit Salz, Pfeffer, scharfem Paprika und Kümmel würzen. Mit dem Mehl bestreuen und etwas anschwitzen. 3 l Wasser angießen und etwa 1 1/2 Stunden köcheln lassen.

2. Die Paprikaschoten waschen, aufschneiden, von Stielansatz und Kernen befreien und in Stückchen schneiden. Ebenfalls in den Topf geben und weitere 20 Minuten mitkochen. 1/2 l Wasser zum Kochen bringen. Die Tomaten mit dem kochenden Wasser übergießen, häuten, von den Stielansätzen befreien, würfeln und in den letzten 10 Minuten dazugeben.

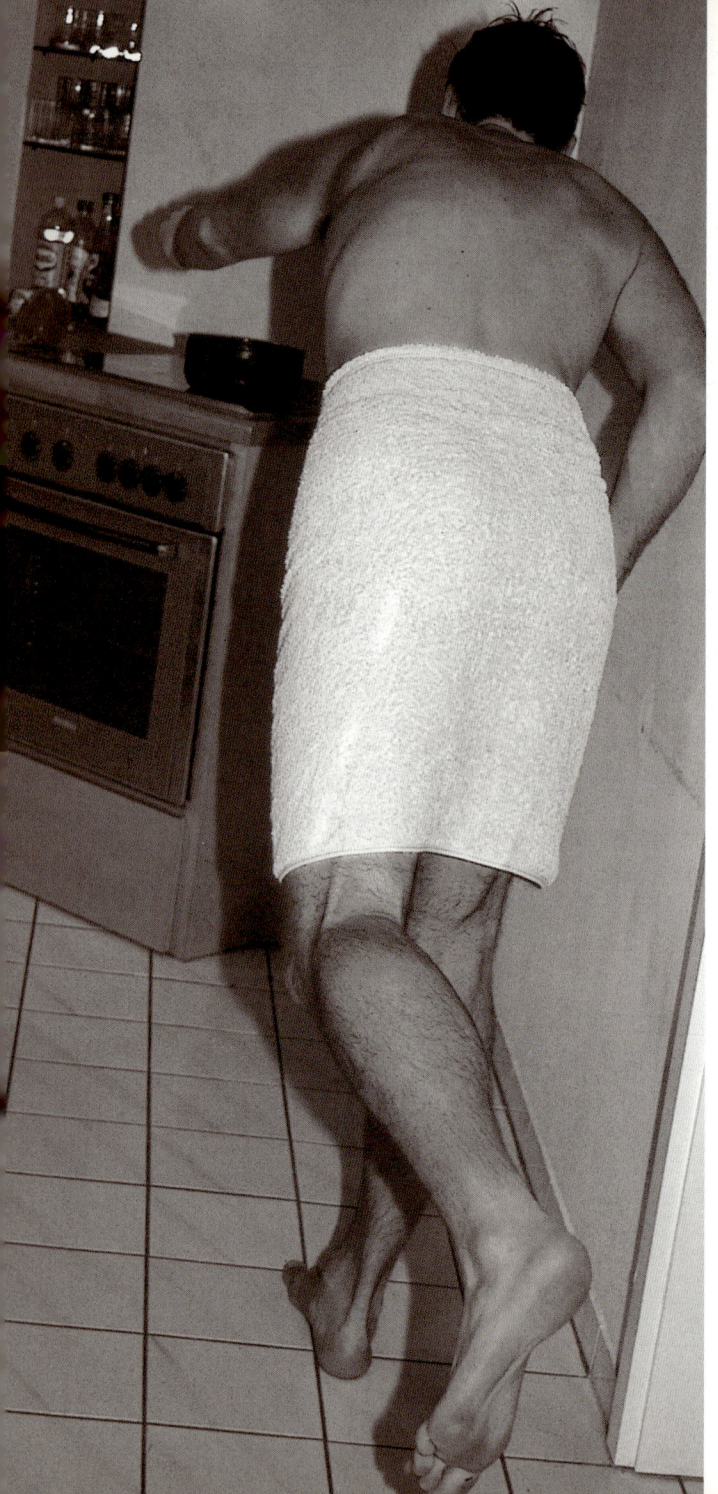

3. Den Topf vom Herd nehmen. Etwa 1/4 l der Suppenflüssigkeit abschöpfen, in einer Schüssel mit der sauren Sahne gut verquirlen und zurück in den Topf geben. Das Sauerkraut auseinander ziehen und in die Suppe rühren. Zum Schluss mit dem süßen Paprikapulver und dem Rotwein abschmecken.

Auch Senior Single ist zu Als Geburtstag eingeladen. Er hat einige Zutaten mitgebracht und fabriziert an Ort und Stelle seine berühmten Bratäpfel.

Bratäpfel Senior Art für 14 Personen:
14 Äpfel • 14 Feigen • 100 g dicke gelbe
Rosinen • 1/4 Literchen Cointreau •
fertige Vanillesauce
Den Backofen vorheizen!

1. Die Äpfel waschen, abtrocknen, mit dem Apfelstecher aushöhlen und vom Kerngehäuse befreien. Alle auf einem Backblech nebeneinander stellen.
2. Die Feigen waschen und klein hacken. Eigentlich kann man immer eine Feige

Bratäpfel

klein hacken, mit ein paar Rosinen mischen und gleich in einen Apfel drücken. Dann geht es wenigstens gerecht zu.

3. Den Cointreau mit liebender Hand auf die Füllung gießen. Falls zum Schluss etwas übrig bleibt, austrinken.

4. Die gefüllten Äpfel bei 220 °C etwa 20 Minuten backen. Manche Apfelsorten haben früher genug: Ab und zu nachsehen, ob sie zusammensacken.

5. Mit Vanillesauce begießen und servieren.

Al fragt Senior, was denn in dessen Jugend das Hit-Getränk auf Partys war. Senior erinnert sich:

Kikeriki (eine Art Bowle) für viele:
15 Eigelb • 6 Tütchen Vanillezucker • 500 g Zucker • 1/2 l Weinbrand • 4 Flaschen Orangensprudel (oder 2 Flaschen Orangensaft und 2 Flaschen Sodawasser)

1. Das Eigelb mit dem Vanillezucker und dem Zucker schaumig schlagen.
2. Den Weinbrand mit einem Schneebesen nach und nach dazurühren.
3. Alles in eine Bowleschüssel geben und den Orangensprudel obenauf gießen.

Sven bringt außer der Mitternachtssuppe einen Kartoffelsalat und ein Kleckschen beschwipste Vanillecreme mit.

Kartoffelsalat

Kartoffelsalat »Perversione Gigante Animale« für 14 Personen:
2,5 kg fest kochende Kartoffeln • 1/4 l Fleischbrühe •
1 Gemüsezwiebel • 4 säuerliche Äpfel • 2 Salatgurken •
250 g Gewürzgurken • 150 g Macadamianusskerne •
8 Geflügelwürstchen • 150 g durchwachsener, klein gewürfelter Speck •
200 g gesäuberte Tiefseekrabben • 150 g Mayonnaise • 150 g Joghurt •
150 g Crème fraîche • 60 ml Weißweinessig • 60 ml Sonnenblumenöl •
1 flacher EL Salz • 1/2 TL schwarzer Pfeffer

1. Die Kartoffeln waschen und mit der Schale kochen. Pellen, in Scheiben schneiden und in eine große Schüssel legen. Die Fleischbrühe zum Kochen bringen und die Kartoffeln damit übergießen. Die Zwiebel, die Äpfel und die Salatgurken schälen. Die Apfelkerngehäuse entfernen. Die Gewürzgurken abtropfen lassen. Alles klein würfeln und mit den

ganzen Nüssen zu den Kartoffeln geben. Die Würstchen in Scheiben schneiden, mit dem Speck und den Krabben ebenfalls dem Salat hinzufügen.

2. Mayonnaise, Joghurt, Crème fraîche, Essig, Öl, Salz und Pfeffer verrühren und unterheben. Am besten schmeckt der Salat, wenn er über Nacht im Kühlschrank ziehen darf.

Vanillecreme »Tipsy« für 14 Personen:
1 Glas Sauerkirschen •
1/8 l Weinbrand •
8 Blätter weiße Gelatine •
1 l Milch •
4 Päckchen Vanillezucker •
250 g Zucker •
9 Eigelb • 1 kg Sahne •
1/4 l Eierlikör •
1/8 l Wodka

Vanillecreme

1. Die Sauerkirschen abgießen und über Nacht in einer Schüssel im Weinbrand ziehen lassen.

2. Am nächsten Tag die Gelatine in kaltem Wasser einweichen. Wenn sie weich ist, ausdrücken.

3. Die Milch in einem Stieltopf unter Rühren aufkochen und den Vanillezucker und den Zucker darin auflösen. Dann vom Herd nehmen.

4. Einen sehr großen Topf zu 1/3 mit Wasser füllen, das Wasser sehr heiß werden lassen, aber nicht kochen. Den Stieltopf hineinstellen und nach und nach das Eigelb hineingeben. Mit einem Schneebesen schlagen, bis die Masse dicklich zu werden beginnt. Die ausgedrückte Gelatine dazugeben und alles gut verrühren. Vom Herd nehmen, abkühlen lassen und hin und wieder umrühren, damit sich keine Haut bildet.

5. Die Sahne steif schlagen. Zuerst den Eierlikör und den Wodka in die Creme rühren, dann die Sahne mit einem Schneebesen locker unterziehen. In eine Schüssel geben und für einige Stunden in den Kühlschrank stellen.

6. Die beschwipsten Sauerkirschen obenauf setzen.

Al bietet große Platten mit verschiedenem Carpaccio an. Da er persönlich keine argentinischen Stiere kennt, lässt er diesmal das Rindfleisch weg. Sein Carpaccio besteht aus mariniertem Lachs- oder Gemüsefilet. Herr Bull, auch eingeladen, will wissen, was denn »Gemüsefilet« ist? Also, welches Teil, nicht wahr?

»Jeweils das zarteste Rückenstück«, erklärt Al.

Daraufhin schweigt Herr Bull eine Weile grübelnd.

Ursprünglich wollte Al ja kochen lernen, um schönen Frauen zu imponieren. Mit einer seiner Freundinnen ist eine hübsche Blondine gekommen, die Al auch schon einige Male zugelächelt hat. Er hingegen hat sie noch nicht einmal bemerkt.

Er unterhält sich vielmehr mit Sven und Senior über Petersilie: »Die welkt so schnell in einem Ein-Personen-Haushalt.«

»Ich friere sie gehackt ein!«, sagt Senior.

»Ich hacke Petersilie und oft auch Dill, Schnittlauch, Liebstöckel und so weiter, sobald ich das Zeug gekauft habe, mische es mit einem Esslöffel Öl und einem halben Teelöffel Salz und stell' das Ganze in einem Schraubglas in den Kühlschrank. Hält sich mindestens zwei Wochen!«, erklärt Sven.

Die Blondine seufzt leise und nimmt sich noch vom Lachscarpaccio ...

Al hat um alle Carpaccioplatten abwechselnd, wie Schuppen, Tomaten- und Mozzarellascheiben gelegt und mit Basilikumblättchen verziert.

Carpaccio von Lachs für viele:
500 g Lachsfilet • 3 rote Zwiebeln •
1 Bund Dill • 50 ml Olivenöl •
50 ml trockener Sherry •
2 EL Sherryessig • Salz • 1 TL rosa
Pfefferkörner • 20 g kleine Kapern

1. Das Lachsfilet kurz anfrieren, mit einem sehr scharfen Messer oder einer Schneidemaschine in hauchfeine Scheiben zerlegen und auf einer großen Platte ausbreiten.

2. Die Zwiebeln schälen und sehr fein würfeln. Den Dill waschen, trockenschütteln und fein hacken. Die Zwiebeln und den Dill mit Öl, Sherry, Sherryessig und Salz verquirlen und über die Lachsscheiben verteilen. Die Pfefferkörner und die Kapern darüber streuen. Mindestens 30 Minuten ziehen lassen.

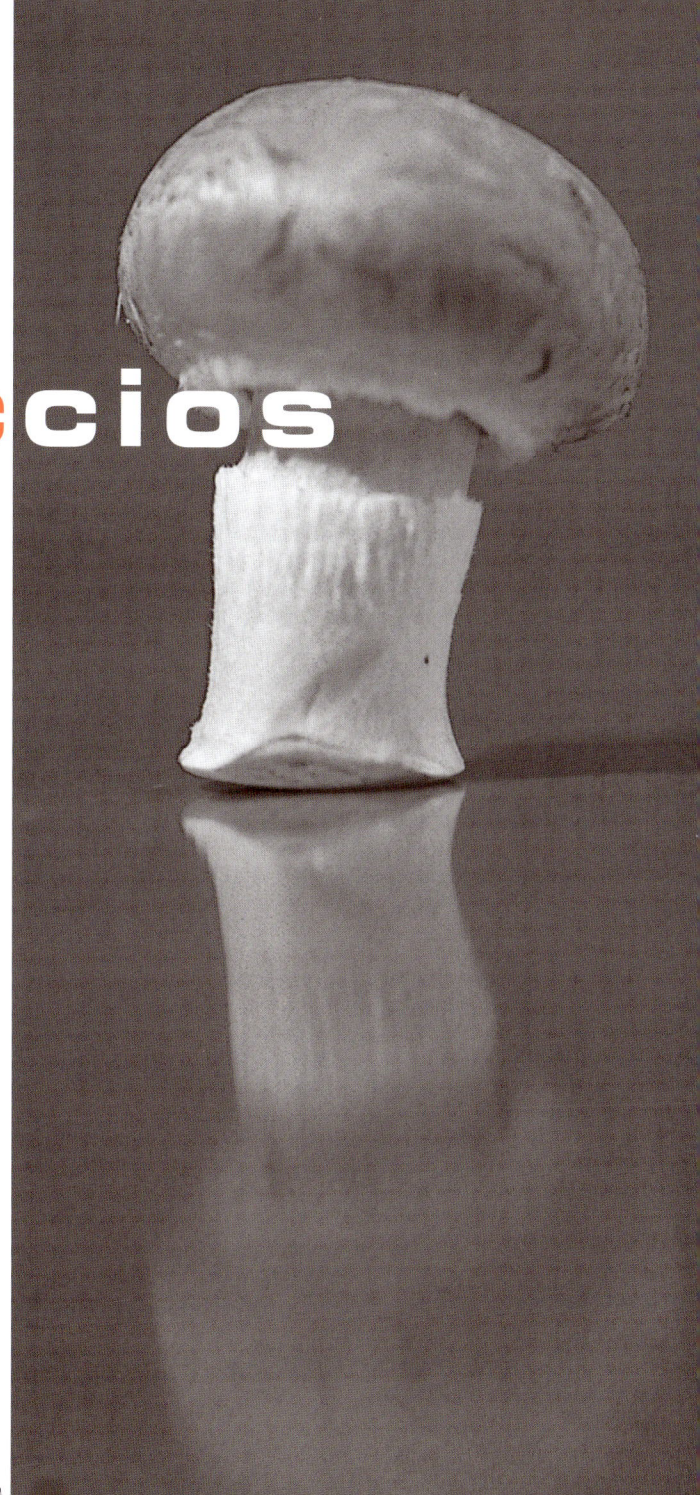

Carpaccio von Champignons für viele:
Saft von 1/2 Zitrone • 1 TL geriebener
Meerrettich • Salz • schwarzer Pfeffer,
frisch gemahlen • 1 TL Ahornsirup •
1 frische Karotte • 1 Fenchelknolle

Carpaccios

1. Die Champignons mit einem Küchenpapier oder einem Pilzpinsel putzen und
den unteren, harten Stielrand abschneiden. Dann die Champignons im Profil
samt Stiel in möglichst dünne Scheiben
schneiden und auf einer großen Platte
ausbreiten.

2. Zitronensaft, Meerrettich, Salz, Pfeffer und Ahornsirup verrühren und über
die Pilze gießen. Die Karotte schälen, zu
erst in dünne Streifen und dann in winzige Würfel schneiden. Den Fenchel waschen, in der Mitte durchschneiden und
etwas von den glatten weißen und etwas
von den puscheligen grünen Blättern
sehr fein hacken. Mit den Karottenwür-
feln mischen und über die Champignons
streuen.

Carpaccio von Kohlrabi für viele:
6 knackige junge Kohlrabiknollen • 1 Knoblauchzehe • 1 EL scharfer Senf •
50 ml Zitronensaft • 50 ml Olivenöl • Salz • 1 Bund Rucola • 1 Bund Radieschen

1. Die Kohlrabiknollen schälen und in sehr dünne Scheiben schneiden. Auf einer großen Platte ausbreiten.

2. Die Knoblauchzehe schälen und zerdrücken und zusammen mit Senf, Zitronensaft, Olivenöl und Salz eine Marinade rühren und über die Kohlrabischeiben geben. Den Rucola waschen, trockenschütteln und fein hacken. Die Radieschen waschen, Blätter und Wurzeln abschneiden, superfein hacken. Zusammen mit dem Rucola obenauf verteilen.

noch mehr Carpaccios ...

Carpaccio von Zucchini für viele:
5 große Zucchini • 50 ml Balsamicoessig • 50 ml Olivenöl • Salz •
einige Tropfen Tabasco • 3 reife Tomaten • 50 g Gruyère am Stück

1. Die Zucchini waschen, von Stielansätzen befreien, in hauchfeine Scheiben schneiden und auf einer großen Platte dachziegelartig ausbreiten.

2. Essig, Öl, Salz und Tabasco zu einer Marinade rühren und über die Zucchinischeiben geben. Die Tomaten waschen, von Stielansätzen befreien, entkernen und in sehr feine Würfelchen schneiden. Über die Zucchini streuen und zum Schluss den Käse in feinen Flocken obenauf hobeln.

Al bietet auch eine passende Bowle zu seinen vegetarischen Delikatessen an:

Selleriebowle für viele:
1 große Sellerieknolle • 1 Salatgurke • 1 Stangensellerie • 150 g Puderzucker •
Saft von 1 rosa Grapefruit • 1 Messerspitze Salz • 2 cl trockener Sherry •
2 cl Gin • 2 Flaschen lieblicher Wein • 1 Flasche trockener Sekt

Selleriebowle

1. Die Sellerieknolle waschen und schälen. In sehr feine Streifen schneiden und auf den Boden einer Bowleschüssel legen. Die Salatgurke schälen, in feine Scheiben schneiden und auf den Selleriestreifen verteilen. Den Stangensellerie waschen und die äußeren derben Stängel abschneiden. Die inneren Stängel und das Herz sowie einige der hellen Blättchen fein hacken und auf die Sellerie- und die Gurkenscheiben streuen.

2. Puderzucker, Grapefruitsaft, Salz, Sherry und Gin gut vermischen und über das Gemüse geben. Mindestens 2 Stunden ziehen lassen.

3. Kurz vor dem Eintreffen der Gäste den gut gekühlten Wein und Sekt aufgießen. Die Stückchen und Blättchen des Stangenselleries sollten obenauf schwimmen.

Eveline wird erwartet. Sven deckt besonders schön: mit Kerzen. Und er kocht besonders schön: mit Herzen. Dazu schafft er sich extra aus einem Haushaltsgeschäft verschieden große Herzförmchen an. Denn, wie er zu Sharon sagt: »Egal, wie sie aussieht – alles, was sie so äußert, hat irgendwie Herz.«

Um den Rand des Aquariums dekoriert er einen Blumenkranz. Sharon ist auch schon ganz aufgeregt.

Da kommt Eveline. Sie ist, was keiner ernsthaft erwartet hat, auch optisch eine Traumfrau. Und Gabriel, den sie mitbringt, ist ein Traumfisch.

Herzensalat für 2 Personen:
2 Römersalat-Herzen • 2 Eisbergsalat-Herzen • 2 Kopfsalat-Herzen •
1 Dose Palmenherzen •
1 Dose Artischockenherzen • Saft von
1/2 Zitrone • 1 EL Puderzucker •
2 EL Crème fraîche • 4 EL Frischkäse •
1 Eigelb • 1 Messerspitze schwarzer
Pfeffer, grob gemahlen • 2 EL möglichst
große gelbe Senfkörner aus einem Glas
mit Senfgurken • 100 g Forellenrogen •
80 g kleine Kapern •
ca. 30 Papaya-Kerne

Herzensalat

1. Die Herzen aus den Salatköpfen herausschälen, vorsichtig waschen und trockenschütteln. Die Salatherzen auf zwei Tellern anrichten. Die äußeren Blätter ein wenig abspreizen, um sie blumig zu gestalten. Die Palmenherzen und die Artischockenherzen abgießen und trockentupfen. Eventuelle braune und unansehnliche Stellen mit einem spitzen Messer entfernen. Palmen- und Artischockenherzen neben den Salatherzen dekorativ verteilen.

2. Zitronensaft, Puderzucker, Crème fraîche, Frischkäse, Eigelb und Pfeffer miteinander verquirlen und je zur Hälfte über die Herzen gießen.

3. Die Senfkörner aus dem Gurkenglas angeln und mit einem Küchenpapier trockentupfen und wie den Forellenrogen, die Kapern und die Papayakerne obenauf streuen.

Pastete mit Herz, Herzoginkartoffeln, Pfifferlinge und **Herz**kirschen (das Letzte ist schlicht gelogen. Es handelt sich um Kaiserkirschen aus dem Glas.) für 2 Personen:
Für die Pastete: 6 Scheiben tiefgefrorener Blätterteig • 100 g Hasenrücken • 100 g Lammfilet • 1 kleine Gänseleber • 1 kleine Zwiebel • 60 g durchwachsener Speck • 1 EL Butter • 2 TL Worcestershiresauce • 1 EL süße Sahne • Salz • je 1 Messerspitze getrockneter Majoran, Estragon und Basilikum • 1 TL saure Sahne • 1 EL Cognac • 1 EL Mehl
Für die Herzoginkartoffeln: **250 g Kartoffeln • Salz • 60 g Butter • 1 Messerspitze Muskatnuss • 2 Eigelb • Mehl**
Für die Beilage: 200 g Pfifferlinge aus dem Glas • 200 g entsteinte Kirschen aus dem Glas Backofen vorheizen!

1. Den Blätterteig auftauen. Den Hasenrücken, das Lammfilet und die Gänseleber waschen, trockentupfen und in kleine Würfel schneiden. Die geschälte Zwiebel und den Speck würfeln. Mit der Butter in einer Pfanne bei mittlerer Hitze etwa 15 Minuten bräunen. Dann in eine Schüssel geben. Etwas Wasser an den Bratensatz angießen, kurz aufkochen, mit der Worcestershiresauce und der Sahne verrührt beiseite stellen.

2. Die Fleischwürfel mit Salz, Majoran, Estragon und Basilikum würzen. Die saure Sahne, den Cognac und das Mehl dazugeben und zu einem Fleischteig kneten.

3. Aus dem Blätterteig 4 Herzen (ca.12 x 14 cm) ausschneiden oder ausstechen. Bei zwei Teigherzen den Rand zusammendrücken, sodass herzförmige kleine Schüsseln mit Rand entstehen, beide mit Pastetenmasse füllen. Mit den übrigen herzförmigen Teigstücken zudecken und die Ränder sanft zusammendrücken. In die obere Teigherzhälfte mit einem Stäbchen rund um den Rand und in der Mitte nicht zu kleine, dekorative Löcher piken, um den Dampf entweichen zu lassen. Auf ein Backblech mit Backpapier setzen und bei 200 °C auf mittlerer Schiene etwa 35 Minuten backen. Warm stellen.

4. Währenddessen die Kartoffeln schälen, waschen, in Scheiben schneiden und in Salzwasser garen. Das Wasser abgießen und die Kartoffeln durch ein Sieb streichen. Butter, Muskatnuss und 1 Eigelb unterrühren. Auf einer bemehlten Arbeitsfläche mit bemehlten Händen den Kartoffelteig mit 3 bis 4 cm Dicke ausbreiten. Mit einer kleineren Herzform 10 bis 12 Herzchen ausstechen. Das zweite Eigelb in einem Schüsselchen verquirlen und die Herzen damit bepinseln.

5. Sobald die Pastete fertig ist, den Backofen auf 220 °C hochschalten und nun die Kartoffelherzen auf mittlerer Schiene etwa 10 Minuten backen.

6. Die Pfifferlinge und die Kaiserkirschen gemeinsam mit der Flüssigkeit aus dem Glas in einem kleinen Topf erwärmen. Dann die Flüssigkeit abgießen und die Pfifferlinge und die Kirschen gut abtropfen lassen. Zwei Teller vorwärmen.

7. Die Pasteten auf den vorgewärmten Tellern anrichten, die Herzoginkartoffeln daneben legen, ebenso die Pfifferling-Kirsch-Beilage. Die Sauce nochmals kurz aufkochen, als Klecks dazwischen platzieren, weil sie vor dem Essen nichts einweichen soll.

Himbeerherzen

Himbeerherzen mit Waldmeistersauce für 2 Personen:
Für die Himbeerherzen: 100 g Himbeeren, tiefgefroren •
3 Blätter weiße Gelatine • 100 g Puderzucker •
60 g Sahne • 2 EL Zitronensaft •
60 ml Himbeergeist • 2 Eiweiß
Für die Waldmeistersauce: 60 ml Waldmeistersirup •
60 ml fertige Vanillesauce •
einige frische Pfefferminz- oder Zitronenmelisseblätter

nit Waldmeister

1. Die Himbeeren auftauen. Die Gelatine in kaltes Wasser legen. Hat sich beides erweichen lassen, zusammen mit Puderzucker, Sahne, Zitronensaft und Himbeergeist im Mixer verquirlen. Sechs möglichst heile und attraktive Himbeeren zum Verzieren übrig lassen!

2. Das Eiweiß steif schlagen und vorsichtig unter die Creme heben. Zwei herzförmige Förmchen kalt ausspülen oder mit Frischhaltefolie auslegen. In jedes die Hälfte der Creme gießen und im Kühlschrank in mindestens 3 Stunden fest werden lassen.

3. Den Sirup und die Vanillesauce gut miteinander verrühren, sodass eine lindgrüne Sauce entsteht. Die Pfefferminz- oder Zitronenmelisseblätter waschen und trockenschütteln.

4. Die Himbeerherzen auf zwei Teller stürzen, mit der Sauce begießen und mit je drei Himbeeren und einigen Pfefferminz- oder Zitronenmelisseblättern dekorieren.

Am nächsten Morgen macht Sven ein tolles Frühstück – ein Sektfrühstück mit Langustencocktail!

»Sag mal, haben solche Superköche wie du immer alle Zutaten für so etwas Tolles im Haus?«, wundert sich Eveline.

Sven lächelt verschmitzt. »Die optimistischeren Superköche ja …«

Sekt

Sektfrühstück mit Langustencocktail für 2 Personen:

1 Bund Dill • 1/2 l herber Weißwein • Salz • 2 EL Zitronensaft • 2 tiefgefrorene Langustenschwänze, pro Stück ca. 140 g • 100 g Sahne • 50 g Mayonnaise • etwas Worcestershiresauce • Salz • weißer Pfeffer • 1 kleine Chicoréestaude • 1 rosa Grapefruit • 2 reife, aber nicht zu weiche frische Feigen • 1 kleines Glas Spargelköpfe • 1 kleine Dose mit winzigen Champignons, Handelsklasse A • 4 Scheiben Toastbrot • Butter • 1 Flasche Sekt oder besser Champagner, gut gekühlt

1. Am Vorabend wird ein optimistischer Superkoch schon die Langustenschwänze vorbereiten: 2/3 des Dillbundes waschen und trockenschütteln, aber nicht zerkleinern. Den Weißwein mit derselben Menge Wasser in einen Topf geben, ebenso den Dill, das Salz und den Zitronensaft. Aufkochen, die Langustenschwänze darin etwa 15 Minuten köcheln und dann im Sud abkühlen lassen. Über Nacht in den Kühlschrank stellen.

2. Am nächsten Morgen die Langusten aus dem Sud nehmen, abschütteln, die Panzer mit einer kräftigen Schere an der Bauchlinie aufschneiden und das Fleisch herauslösen. Den dunklen Darm entfernen. Das rotweiße Fleisch in 2 cm dicke Scheiben schneiden.

rühstück

3. Die Sahne steif schlagen. Mayonnaise, Worcestershiresauce, Salz und Pfeffer miteinander verrühren, dann die Sahne unterheben. Die Chicoréestaude entblättern. Die Blätter waschen und trockentupfen. Zwei breite Kelche mit den Chicoréeblättern auslegen, sodass die grünen Spitzen über den Rand gucken.

4. Die Grapefruit schälen und entkernen. Die Stücke häuten und klein schneiden. Die Feigen schälen und in Scheiben schneiden. Die Spargelköpfe abgießen und nur die Spitzen der Köpfe abschneiden. (Rest später verwerten.) Die Champignons abgießen. Alles mit dem Langustenfleisch behutsam mischen und in die beiden Kelche verteilen. Salatsauce darüber gießen. Die restlichen Dillstängel waschen, trockenschütteln und den Langustencocktail damit garnieren. Die Brotscheiben toasten, mit Butter bestreichen und mit dem kalten Champagner der Liebsten ans Bett bringen ...

Rezeptindex

A
Avocadosalat 36

B
Bohneneintopf, grüner, »Simplicity« 8
Bohnen-Speck-Salat 36
Bowl of Emotions 79
Bratäpfel Senior Art 98

C
Carpaccio von Champignons 107
Carpaccio von Kohlrabi 109
Carpaccio von Lachs 106
Carpaccio von Zucchini 109
Chicoréesalat 35
Chinapfanne mit Putenfleisch 52
Cook`s End 66

E
Eis aus grünem Tee 49
Entenbrust auf Wirsingschaum 78

F
Fasan mit Birnen 85
Frühlingssalat 38
Frühstück, englisches 33

G
Gulaschsuppe 97
Gurkensuppe, kalte 90

H
Halwa Gadschar 29

Herzensalat 112
Himbeerherzen mit Waldmeistersauce 117
Hühnersuppe Vitalitas 63
Hühnertopf, indischer 22
Hummer Thermidor 80

J
Joghurt-Eis 58

K
Karottensuppe 25
Kartoffelsalat »Perversione Gigante Animale« 100
Kaviar 82
Kikeriki 100
Krabben-Pilz-Pfanne 26

L
Lachs-Terrine 55
Lamb's Wool 67
Lammtäschchen 88
Lauch-Kartoffel-Pfanne 27
Leberklößchensuppe 77
Linsentopf, deftiger 61

M
Mai-Scholle Hamburger Art 41
Maki 48
Menü für zwei Herzen 114
Minestra 24
Misosuppe mit Lauch und Pilzen 44

N
Nigiri 46
Nudelsalat 72
Nudeln mit Tomatensauce 17

O
Obstsalat mit Quark 14

P
Putenburger mit Pilzen und Sauerkraut 20

R
Rohkostplatte, große, mit Dip 72

S
Schweinefilet mit Aubergine 56
Sektfrühstück mit Langustencocktail 118

Selleriebowle 110
Sillibub 67
Speckkartoffeln 95
Stehaufmännchen 90
Sushi-Reis 45

T
T-Bone-Steak 92
Thunfischsalat 70
Tomatensalat, raffinierter 12
Trüffelsuppe 83

V
Vanillecreme »Tipsy« 101

Z
Zwiebelsuppe à la Senior Single 32

Besonderer Dank geht an die Models Andreas, Sherin, Tanja, Viktoria, Werner und Florian

Besuchen Sie uns im Internet unter www.maryhahn-verlag.de

2. Auflage 2003 (Sonderproduktion)

© 2001 by Mary Hahn Verlag in der F.A. Herbig Verlagsbuchhandlung GmbH, München
Alle Rechte vorbehalten
Umschlaggestaltung: Wolfgang Heinzel
Umschlagmotiv: Verena Böning
Alle Fotos: Verena Böning
Layout: Wolfgang Heinzel
Satz und Herstellung: Anna Jansen
Druck: Jos. C. Huber KG, Dießen
Binden: Thomas Buchbinderei, Augsburg
Printed in Germany
ISBN 3-87287-491-8